KONZENTRATION STEIGERN & FOKUS ERHÖHEN

DEIN LEITFADEN FÜR MEHR KONZENTRATION, MAXIMALE PRODUKTIVITÄT UND SCHNELLEN ERFOLG

THOMAS MANGOLD

1. Auflage 2018

Lektorat: Katrin Mallener
https://katrinmallener.de/

Satz, Layout & Covergestaltung: Simon Horcher
Cover: https://stock.adobe.com/

Copyright © 2018 Thomas Mangold
All rights reserved.

Schimmelgasse 10/2/11
1030 Wien
Österreich

ISBN: 9781731027689

DISCLAIMER

Die Inhalte dieses Buches wurden mit größter Sorgfalt erstellt. Für die Richtigkeit, Vollständigkeit und Aktualität der Inhalte können wir jedoch keine Gewähr übernehmen.

Dieses Buch enthält Links zu externen Webseiten Dritter, auf deren Inhalte wir keinen Einfluss haben. Deshalb können wir für diese fremden Inhalte auch keine Gewähr übernehmen. Für die Inhalte der verlinkten Seiten ist stets der jeweilige Anbieter oder Betreiber der Seiten verantwortlich. Die verlinkten Seiten wurden zum Zeitpunkt der Verlinkung auf mögliche Rechtsverstöße überprüft. Rechtswidrige Inhalte waren zum Zeitpunkt der Verlinkung nicht erkennbar. Eine permanente inhaltliche Kontrolle der verlinkten Seiten ist jedoch ohne konkrete Anhaltspunkte einer Rechtsverletzung nicht zumutbar. Bei Bekanntwerden von Rechtsverletzungen werden wir derartige Links umgehend entfernen.

INHALT

1. Einleitung — 1
2. Die Herausforderungen — 12
3. Basismaßnahmen für mehr Konzentration und Fokus — 18
   - Ein erholsamer Schlaf — 21
   - Die richtige Ernährung — 31
   - Bewegung & Sport — 41
   - Die Atmung — 45
   - Emotionen — 49
   - Motivation — 55
   - Willenskraft — 61
   - Stress — 67
   - Das richtige Pausenmanagement — 71
   - Die richtige Arbeitsatmosphäre — 77
   - Ordnung — 81
   - Achtsamkeit — 85
   - Konzentrationsübungen — 91
   - Umsetzung in die Praxis – der todsichere Weg zu scheitern — 97
4. Störungen & Ablenkungen — 100
   - Interne Ablenkungen durch Einfälle und Ideen — 101
   - Interne Ablenkungen durch Eigensabotage — 109
   - Externe Störungen — 117
5. Tool-Tipps — 127
6. Deine persönliche Fokusstrategie — 136
   - Meine Fokusstrategie — 141
   - Deine Fokusstrategie — 145
7. Antworten auf oft gestellte Fragen — 148

Schlussbemerkung 155
Die weiteren Bücher von Thomas Mangold 157
Selbstmanagement.rocks 159
Bonus-Tools 161

KAPITEL 1
EINLEITUNG

Die Wunderwaffe des 21. Jahrhunderts

Darum und um nichts anderes wird es in diesem Buch gehen. Denn nur wer hochkonzentriert und hochfokussiert arbeiten kann, wird in Zukunft Erfolg haben.

Die Erklärung ist ganz einfach: Wer es schafft, seinen Fokus und seine Konzentration möglichst lange möglichst hoch zu halten, der wird mehr Aufgaben in weniger Zeit erledigen können und somit zum Outperformer werden.

Ganz egal ob du angestellt, selbstständig, Unternehmer, Student oder Schüler bist, du wirst zu den Top 5 % gehören und das nur aufgrund deiner Fähigkeit, konzentriert und fokussiert zu arbeiten.

Aber nicht nur, dass du mehr Aufgaben in weniger Zeit erledigen kannst – du wirst das auch wesentlich entspannter tun als 95 % deiner Kollegen.

Ein höherer Fokus und eine höhere Konzentration werden dir außerdem dabei helfen, dein Einkommen zu steigern. Vielfach muss man sich entscheiden zwischen mehr Zeit oder mehr Geld. Wer mehr Geld will, muss mehr Zeit in Arbeit investieren und hat somit weniger Zeit für sich selbst.

Wer mehr Zeit will, kann weniger arbeiten und wird somit auch weniger verdienen. Wer aber gleichzeitig mehr Zeit und mehr Geld will, der kann auch einfach seinen Fokus und seine Konzentration steigern und so mehr Zeit für sich selbst und auch mehr Geld haben. Eine klare Win-win-Situation also.

Ich denke, diese ersten Zeilen machen schon deutlich, dass die Fähigkeit, hochfokussiert und hochkonzentriert zu arbeiten, tatsächlich die Wunderwaffe des 21. Jahrhunderts ist.

FOKUS UND KONZENTRATION: WAS IST DAS EIGENTLICH?

Lass uns zunächst einmal einen genauen Blick auf Fokus und Konzentration werfen.

Fokus ist die Bündelung aller Energien auf einen Punkt. Konzentration (laut Wikipedia) ist die willentliche Fokussierung der Aufmerksamkeit auf eine bestimmte Tätigkeit, das Erreichen eines kurzfristig erreichbaren Ziels oder das Lösen einer gestellten Aufgabe.

Konzentration, könnte man also vereinfacht sagen, ist bewusst gelenkte Aufmerksamkeit. Lass mich das am Beispiel einer Lampe näher veranschaulichen.

Ist die Lampe aus, dann schläfst du. Deine Aufmerksamkeit liegt also darauf, neue Energien zu sammeln, um am nächsten Tag wieder hochfokussiert arbeiten zu können.

Bist du wach, gibt es zwei Arten von Lampen, mit denen du arbeiten kannst. Eine Bürolampe und eine ganz normale Deckenlampe. Beginnen wir zunächst einmal mit der Deckenlampe:

Die Deckenlampe flutet den gesamten Raum mit Licht. Wenn wir diese Tatsache auf deine Aufmerksamkeit ummünzen, bedeutet das, dass du alles um dich herum wahrnimmst. Prinzipiell ja nichts Schlechtes, aber alles rund um sich wahrzunehmen und sich gleichzeitig auf eine wichtige Aufgabe zu konzentrieren, ist mit Sicherheit nicht möglich.

Sehen wir uns nun im Gegensatz dazu die zweite Form der Lampe an, nämlich die Bürolampe. Der Lichtkegel der Bürolampe ist auf deine momentane Aufgabe gerichtet, dafür wird der restliche Raum nur sehr spärlich ausgeleuchtet. Das heißt, du kannst dich voll auf die momentane Aufgabe konzentrieren, nimmst aber sehr wenig von deiner Umgebung wahr.

Der Optimalzustand wäre natürlich, beide Lampen gleichzeitig leuchten zu haben, aber ich muss dich enttäuschen, das funktioniert bei uns Menschen leider nicht. Wir können unsere Aufmerksamkeit nicht zeitgleich auf unsere Umgebung und eine wichtige Aufgabe richten. Wir müssen uns also entscheiden, welches Licht wir angeschaltet haben wollen, das Deckenlicht oder die Bürolampe.

Wenn du es schaffst, willentlich zwischen diesen beiden Zuständen der Aufmerksamkeit hin und her zu wechseln, dann bist du auf dem richtigen Weg. Leider schaffen das die meisten Menschen nicht. Es gibt da nämlich noch ein zusätzliches Problem beim Umschalten zwischen Deckenlampe und Bürolampe.

Wenn du das Licht der Deckenlampe ausmachst, um das der Bürolampe einzuschalten, funktioniert das nicht von einer Sekunde auf die andere. Die Deckenlampe wird das Licht langsam dimmen, bis es irgendwann aus ist, und die Bürolampe wird erst zart scheinen und einiges an Zeit benötigen, um die volle Strahlkraft zu erreichen. Umgekehrt geht es ein wenig schneller.

Bedeutet in der Praxis: Du kannst nicht auf Knopfdruck hochkonzentriert arbeiten, es dauert, bis du in den Zustand kommst, in dem dein Fokus auf die Aufgabe bei 80 bis 100 % liegt. In diesem Buch wirst du lernen, diesen Übergang zu beschleunigen, er wird aber trotzdem nie von einer Sekunde auf die andere passieren – das wäre eine Illusion.

In unserer heutigen Gesellschaft kommt noch ein weiteres gravierendes Problem hinzu. Wir werden ununterbrochen gestört. Sei es durch ein akustisches, visuelles oder haptisches

Signal eines technischen Gerätes, durch einen anderen Menschen oder durch die eigenen Gedanken.

Auf unser Lampenbeispiel angewendet heißt das: Wir schalten die beiden Lampen immer wieder an und aus. Wir beginnen, uns auf eine Aufgabe zu konzentrieren, kurz darauf piepst unser Handy, eine WhatsApp-Nachricht. Bürolicht aus, Deckenlicht ein! Beantwortet – super, dann mal wieder Deckenlicht aus und Bürolicht an.

Kurz darauf kommt ein Kollege ins Büro, um uns eine Frage zu stellen. Bürolicht aus – Deckenlicht an! Frage beantwortet, Kollege geht. Super, dann mal wieder Deckenlicht aus und Bürolicht an.

Keine drei Minuten später ein Anruf, klar gehen wir ran. Also wieder Bürolicht aus und Deckenlicht an. Ich denke, du verstehst, worauf ich hinauswill. So geht das den lieben langen Tag.

Durch wissenschaftliche Studien hat man herausgefunden, dass es bis zu 20 Minuten dauern kann, bis wir nach einer Störung wieder den Fokus-Level erreichen, den wir vor der Störung hatten. Bedeutet, unsere Bürolampe braucht 20 Minuten, bis sie die volle Strahlkraft hat.

Wenn wir nun aber alle fünf Minuten gestört werden?

Verdammt, wir kommen niemals über ein Fokus-Level von 25 % hinaus. Den ganzen Arbeitstag nicht. Erschreckend, oder?

In diesem Buch wirst du viele Tipps, Tricks und Strategien mit auf den Weg bekommen, wie du es schaffst, die Bürolampe schnell zu voller Leistung zu bringen und dann auch möglichst lange auf dieser Leistung zu halten. Das verspreche ich dir hiermit feierlich!

WAS PASSIERT, WENN ICH MICH AUF EINE EINZIGE SACHE KONZENTRIERE?

Ich möchte dir nun ein paar Beispiele berühmter Persönlichkeiten nennen, die sich auf eine einzige Sache konzentriert haben. Vorher aber noch zwei spannende Zitate zu diesen Thema:

„Derjenige, der zwei Hasen auf einmal jagt, wird keinen fangen!" – Konfuzius

„Wenn es einen Weg zur Effektivität gibt, dann Konzentration!" – Peter Drucker

Ich denke, diese beiden Zitate sprechen für sich.

Was haben die Herren Warren Buffet, Marc Zuckerberg, Jeff Bezos, Bill Gates, Larry Page und Sergey Brin gemeinsam? Die

Antwort lautet: Sie haben sich alle auf eine einzige Sache konzentriert.

Investment-Legende Warren Buffet hat sein Leben den Aktien verschrieben. In seiner Biografie wird er als schrulliger alter Mann beschrieben, der ohne fremde Hilfe vermutlich nicht lebensfähig wäre.

Marc Zuckerberg hat sein Studium abgebrochen, um sich dem Aufbau von Facebook zu widmen.

Jeff Bezos hat Amazon aufgebaut und über Jahre nichts anderes gemacht, als an dieser Firma zu arbeiten.

Bill Gates hat gegen den Willen seiner Eltern sein Studium abgebrochen, um Microsoft groß zu machen. Ebenso taten es Larry Page und Sergey Brin, die beiden Gründer von Google.

Ich denke, diese Beispiele beweisen, was man erreichen kann, wenn man sich auf eine einzige Sache konzentriert. Schon klar, diese Personen waren mit Sicherheit auch zum richtigen Zeitpunkt am richtigen Ort. Aber was dir diese kurze Auflistung beweisen soll: Was für diese Persönlichkeiten funktioniert hat, kann auch für jeden anderen Menschen funktionieren.

DIE VORTEILE VON HOCHKONZENTRIERTEM ARBEITEN

Einige Vorteile habe ich ja schon erwähnt, aber ich möchte sie hier nochmal in einer kleinen Übersicht zusammenfassen:

- Du schaffst mehr Aufgaben in kürzerer Zeit.
- Du gehst mehr in die Tiefe.
- Dein Denken wird detailreicher.
- Du hast ein besseres Krisenmanagement.
- Du kannst mit emotionalen Herausforderungen wesentlich besser umgehen.
- Du hast weniger negativen Stress.
- Du hast mehr Selbstvertrauen, weil du es schaffst, deine Aufgaben schnell und zeitgerecht zu erledigen.

Ich denke, diese Vorteile sind überzeugend und es lohnt sich, dafür etwas zu tun. Warum ich dir das so genau erzähle? Es ist nicht einfach, sich die Fähigkeiten Konzentration und Fokus anzueignen. Es wird einiges an Zeit bedeuten, die du investieren musst. Es wird sogar die eine oder andere Umstellung in deinem Leben voraussetzen, aber dazu kommen wir etwas später im Buch noch.

Für den momentanen Zeitpunkt ist es wichtig, dass du zwei Dinge weißt:

1. Es wird einiges an Zeit und Mühen in Anspruch nehmen, sich die Fähigkeit anzueignen, hochkonzentriert zu arbeiten.

2. Es wird sich hundert-, wenn nicht sogar tausendfach lohnen, diese Mühen auf dich zu nehmen.

WIE DU MIT DIESEM BUCH DIE OPTIMALEN ERFOLGE ERREICHST

Im nächsten Kapitel werden wir die Herausforderungen (ich verwende dieses Wort einfach lieber als das Wort Probleme), die dich im momentanen Berufsalltag erwarten, nochmals unter die Lupe nehmen. Es ist wichtig zu wissen, wo die Feinde deiner Konzentration lauern, um dich aus der hochfokussierten Arbeit herauszureißen und dein Bürolicht zum Erlöschen zu bringen.

Im Anschluss werden wir uns, wie ich es nenne, viele Basismaßnahmen ansehen, die dir helfen, deine Konzentration und deinen Fokus zu steigern. Der Vorteil dieser Basismaßnahmen ist, dass du sie alle selbstbestimmt umsetzen kannst. Du brauchst also niemand anderen dazu und kannst damit schon eine massive Konzentrationssteigerung erreichen. Für mich sind diese Maßnahmen das Fundament, auf dem du dann alle weiteren Strategien aufbauen kannst, um deinen Fokus lange hoch halten zu können.

Im Anschluss werden wir zu jenen Dingen kommen, bei denen du nicht nur, aber größtenteils fremdbestimmt bist. Und zwar sind das alle Formen von Störungen, die dich aus deiner Konzentration reißen können.

Hier wird es schon ein wenig schwieriger, denn du kannst dich ja nicht einfach im Büro einsperren und weder auf E-Mails noch auf Anrufe oder Mitarbeiter, die etwas von dir brauchen, reagieren. Aber keine Sorge, auch hier gibt es Möglichkeiten und Lösungsansätze, die sich umsetzen lassen. Eines aber gleich vorweg: Es mag vielleicht sehr reizvoll sein, gleich zu diesem Kapitel zu springen und die vorherigen Dinge einfach auszulassen. Ich rate dir dringend, das nicht zu tun. Wenn du nicht vorher an dir selbst arbeitest, wird dir alles andere nichts nutzen und das Kartenhaus wird sehr schnell zusammenbrechen. Würdest du dein Haus ohne Fundament bauen? Wohl kaum. Also erledige auch hier erst die Pflicht, bevor du zur Kür kommst.

In weiterer Folge werde ich dir auch ein paar tolle Tools vorstellen, die dir dabei helfen können, deine Konzentration und deinen Fokus hoch zu halten. Auch dieses Kapitel habe ich bewusst an diese Stelle gesetzt, denn Tools alleine werden das Problem, nicht störungsfrei arbeiten zu können, auch nicht lösen.

Im Anschluss bekommst du eine Anleitung, wie du deine „Deep-Work-Strategie" in die Praxis umsetzen kannst. Wir führen dann alle Teile, die wir vorher bearbeitet haben, zusammen und bauen daraus dein System und deine Strategie, die nicht nur zu dir, sondern auch zu deinem Arbeitsumfeld passt. Es nützt ja schließlich relativ wenig, wenn ich dir hier meine Strategie erkläre, du aber ein ganz anderes Arbeitsumfeld als ich hast, oder?

Im letzten Teil des Buches beantworte ich die häufigsten Fragen, die mir im Zusammenhang mit diesem Thema immer wieder gestellt werden. Du wirst dort weitere Lösungsmöglichkeiten für dich finden, um deinen Fokus und deine Konzentration zu verbessern.

Wenn du dieses Buch durchgearbeitet hast, wirst du ein Konzept in der Hand haben, das optimal an dich und deine Bedürfnisse angepasst ist. Sprich, du wirst sie in der Hand haben und sie wird stets einsatzbereit sein:

deine Wunderwaffe des 21. Jahrhunderts!

KAPITEL 2

DIE HERAUSFORDERUNGEN

In der Schule und in der Ausbildung lernt man vieles, aber man lernt nicht, wie man seine Konzentration steigern kann. Das ist einer der vielen Schwachpunkte unseres Ausbildungssystems.

Natürlich gibt es auch viele Spiele und Übungen, die dir versprechen, deine Konzentration zu steigern. Aber mal ehrlich, die meisten davon sind so dämlich, dass nicht mal Kinder sie gerne machen. Ich werde dir etwas später in diesem Buch natürlich auch die eine oder andere Übung vorstellen. Viel wichtiger ist für den Moment aber, dass du das Problem erkennst, die Ursache des Problems findest und diese Ursache dann beseitigst.

Um den ersten Schritt zu tun, nämlich das Problem zu erkennen, werde ich dir in diesem Kapitel einige Herausforderungen aufzeigen, von denen vermutlich die eine oder andere auch dich betrifft.

Starten wir dazu gleich beim alltäglichen Wahnsinn im Büro.

Störungen, Ablenkungen und meist auch ein hoher Anteil an Fremdsteuerung machen uns das Leben schwer.

WIR SIND DREIFACH ÜBERFORDERT – DER TRIPLE OVERLOAD

Das Konzept des Triple Overload habe ich zum ersten Mal von Beat Bühlmann, dem Europa-Manager von Evernote gehört. Der Triple Overload besagt, dass der durchschnittliche Wissensarbeiter dreifach überfordert ist:

ÜBERFORDERUNG 1: DER DATEN- BZW. INFORMATIONS-OVERLOAD

Wir erhalten viel mehr Informationen und Daten, als wir verarbeiten können. Wir haben mittlerweile so viel an Daten zur Verfügung, dass der durchschnittliche Wissensarbeiter pro Tag zwei Stunden mit Suchen „verschwendet".

Das kann die Suche nach einer E-Mail, nach einer Datei in der Cloud oder nach einem Schlagwort bei Google sein. Wir suchen und suchen und suchen, anstatt einfach schnell zu finden. Natürlich kommt es sehr auf die Arbeit an, die wir verrichten, aber die meisten Büroangestellten wären viel effektiver, wenn die Informationen, die sie für ihre Arbeit brauchen, gut aufbereitet wären.

ÜBERFORDERUNG 2: DER KOMMUNIKATIONS-OVERLOAD

Bis zu 80 % unserer Arbeitszeit verbringen wir damit zu kommunizieren. Ob das via Telefon, E-Mail oder in Meetings ist, wir sind de facto ständig am Kommunizieren. Firmenchefs brauchen sich nur mal die Lohnkosten ihrer Mitarbeiter für das Kommunizieren auszurechnen. Aber Vorsicht, es könnte zu Schockzuständen führen.

Selbst Schüler und Studenten sind heutzutage viel mehr mit der Kommunikation beschäftigt statt mit konzentriertem Lernen. Wer also seine Konzentration steigern will, der muss seine Kommunikationstätigkeiten in einen vernünftigen Rahmen bringen. Das hört sich natürlich leichter an als gesagt, aber es ist unbedingt notwendig.

Um wie viel kürzer wäre deine Aufgabenliste, wenn du die Hälfte der Meetings in deinem Kalender einfach streichen könntest und die Zeit der restlichen Meetings um 50 % einschränken könntest? Überlege dir das einmal in Ruhe!

ÜBERFORDERUNG 3: DER KOGNITIVE OVERLOAD

Alle fünf Minuten (vermutlich noch öfter) werden wir gestört. Sei es durch einen Kunden, Kollegen, Mitarbeiter, ein Pop-up, ein Läuten, ein Piepsen, ein Vibrieren oder was auch immer. Alle fünf Minuten und diese Spanne wird von Jahr zu Jahr geringer. Jede Störung ist eine Ablenkung von der Tätigkeit, die wir gerade versuchen, hochfokussiert auszuführen.

Verschärft werden diese Störungen noch durch die Tatsache, dass wir ca. 20 Minuten brauchen, um unseren Fokus und unsere Konzentration nach einer Störung wieder auf ein hohes Niveau zu bringen. Ja, du hast richtig gelesen, es sind 20 Minuten!

Nun braucht man kein Wissenschaftler zu sein, um erkennen zu können, wo das Problem liegt. Alle fünf Minuten eine Störung und 20 Minuten brauchen wir, bis wir wieder hochfokussiert sind. Tja, da beißt sich die Katze aber gehörig in den Schwanz!

Der Triple Overload verhindert also ganz ordentlich, dass wir hochfokussiert und hochkonzentriert an unseren Aufgaben arbeiten.

Ich will hier jetzt nicht zu sehr ins Detail gehen, weil ich dir viel lieber Lösungen als Probleme präsentiere. Vor allem Unternehmern rate ich aber, sich genauer mit diesem Thema zu beschäftigen. Im Bonus-Bereich dieses Buches (wie du dazu kommst, erfährst du auf den letzten Seiten) findest du einen Link, der zum Whitepaper von Beat Bühlmann führt. Ich kann dir dieses Whitepaper nur sehr ans Herz legen.

Aber mach dir keine Sorgen. Für all die Probleme des Triple Overload gibt es natürlich Lösungsstrategien, die ich dir in diesem Buch noch vorstellen werde. Fürs Erste ist es nur wichtig, dass du erkennst, wo die Herausforderungen bei dir liegen. Ist es der Daten-, der Kommunikations- oder der kognitive Overload? In welchem Ausmaß bist du von welchem Overload betroffen? Bitte leg das Buch jetzt kurz zur Seite und mach dir darüber Gedanken.

WIR LENKEN UNS SELBST AB

Es sind allerdings nicht nur Faktoren von außen, die uns das Leben schwer machen. Wir lenken uns auch sehr gerne selbst ab. Je weniger gut wir strukturiert sind und je weniger gut unser Tag geplant ist, umso größer ist die Wahrscheinlichkeit, dass es die eigenen Gedanken sind, die uns aus der Arbeit reißen.

- „Ich darf nicht vergessen, bei Projekt A die Aufgabe B zu erledigen!"
- „Ich muss noch XY anrufen."
- „Verdammt, bei Projekt B muss ich heute unbedingt noch Aufgabe C erledigen."

Ich könnte diese Liste wohl unendlich fortführen. Ich bin mir sicher, du kennst diese Art der Gedanken.

Um diese Ablenkungen zu vermeiden, solltest du einen roten Faden durch den Tag haben, der dich von einer Aufgabe zur nächsten begleitet und an den du dich halten kannst, ohne großartig Gedanken an andere Aufgaben verschwenden zu müssen. Schon klar, dass dir das vermutlich nur an wenigen Tagen zu 100 % gelingen wird. Doch je weniger das vorkommt, umso besser ist es.

Im Kapitel *Ablenkungen* werde ich dir für dieses Problem Lösungsstrategien zeigen.

DINGE, DIE DU NOCH WISSEN SOLLTEST

Selbstverständlich gibt es auch krankheitsbedingte Konzentrationsprobleme. In diesem Fall wird dich dieses Buch leider nicht unterstützen können. Kontaktiere in diesem Fall bitte einen Arzt deines Vertrauens. Für alle anderen Arten von Konzentrationsproblemen ist dieses Buch optimal geeignet.

Ein weiterer wichtiger Punkt: Rechne bitte nicht damit, dass sich deine Konzentration und dein Fokus von heute auf morgen enorm steigern lassen. Das ist ein Prozess, der seine Zeit dauert. Hab einfach Spaß daran, diesen Weg zu gehen. Du wirst sehr schnell Ergebnisse sehen, aber bis du am Ziel angekommen bist, können schon ein paar Monate vergehen. Das Wichtigste ist also, dranzubleiben!

Lass uns nun von den Herausforderungen zu den Lösungsstrategien kommen.

KAPITEL 3

BASISMASSNAHMEN FÜR MEHR KONZENTRATION UND FOKUS

In diesem Teil des Buches will ich mit dir Maßnahmen besprechen, die du vollkommen selbstbestimmt umsetzen kannst. Also ohne deinen Chef, Kollegen, Kunden, Mitarbeiter oder sonst irgendwen fragen zu müssen.

Kurz zusammengefasst geht es hier um die folgenden Themen:

- Schlaf
- Ernährung
- Bewegung
- Atmung
- Emotionen
- Motivation
- Willenskraft
- Stress
- Pausenmanagement
- Arbeitsatmosphäre
- Achtsamkeit

- Konzentrationsübungen

Mit dem Wissen zu all diesen Themen kannst du deine Konzentration massiv beeinflussen. Wir werden am Ende dieses Kapitels natürlich auch die Umsetzung in die Praxis besprechen, aber eines schon jetzt vorweg: Versuche auf keinen Fall, alles sofort umzusetzen, denn damit wirst du scheitern. Du brauchst einen genauen Plan und den werden wir uns am Ende des Kapitels genauer ansehen.

Nimm fürs Erste die ganzen Informationen einfach auf, verwerten werden wir sie dann etwas später.

EIN ERHOLSAMER SCHLAF

Wer nicht gut schläft und vor allem wer nicht erholsam schläft, der wird mit Sicherheit nie, oder nur sehr kurze Zeit, hochfokussiert arbeiten können. Ist ja auch klar, je besser die Erholung, umso eher werde ich konzentriert arbeiten können.

Das Problem an der Geschichte ist aber, dass viele Menschen gar nicht mehr einschätzen können, ob sie wirklich erholt schlafen. Sie nehmen den aktuellen Status einfach als erholt wahr, ohne zu wissen, ob da nicht noch Luft nach oben ist. Die Frage, die du dir in diesem Zusammenhang stellen solltest, lautet: Wie lange kann ich wirklich hochkonzentriert und hochfokussiert arbeiten?

Ohne zu gähnen, ohne Tagträumerei, ohne von dir selbst und den eigenen Gedanken abgelenkt zu werden?

Lenke deine Achtsamkeit in den nächsten Tagen immer wieder auf diese Frage. Schreibe sie dir auf, klebe sie an deinen Bildschirm, beobachte dich selbst sehr genau und zieh dann deine Schlüsse daraus.

Lass uns, bevor wir tiefer in das Thema Schlaf einsteigen, doch mal alle Vorteile eines gesunden und erholsamen Schlafs unter die Lupe nehmen:

- Stärkung des Immunsystems
- Emotionale Erholung
- Verankerung des Gelernten im Gedächtnis
- Entgiftung des Gehirns
- Bessere Konzentration

Alles wichtige Faktoren, um einen erfolgreichen Tag zu haben. Viele Menschen leben über Monate oder gar Jahre mit einem Schlafdefizit. Sie tauschen also Zeit zur Regeneration in Zeit um, in der sie arbeiten, im Irrglauben, auf diese Weise schneller voranzukommen. Eine Milchmädchenrechnung, denn ohne ausreichend Schlaf (vor allem über einen langen Zeitraum) wirst du trotz mehr Arbeitszeit nicht so produktiv sein, wie wenn du ausgeschlafen und erholt ans Werk gehst.

„Weniger Schlaf ist mehr Zeit" funktioniert also höchstens sehr kurzfristig, über ein paar Tage. Aber selbst da wäre ich schon vorsichtig. Rückt die Deadline wirklich nahe, dann ist das eine Variante, die du machen kannst, aber dauerhaft ist das nicht nur der schnellste Weg in den Burnout, sondern auch kontraproduktiv.

Warnen will ich an dieser Stelle auch Schüler und Studenten. Lernmarathons kurz vor der Prüfung verhindern den Lernerfolg eher, als ihn zu unterstützen. Die Verankerung des Gelernten im Gedächtnis findet im Schlaf statt. Wenn du nicht erholsam und ausreichend schläfst, ist das also sehr schlecht für dein Ergebnis.

WIE LANGE SOLLTE MAN SCHLAFEN?

Zu dieser Frage gibt es keine exakte Antwort, aber ein paar hilfreiche Erkenntnisse aus wissenschaftlichen Studien, die du dir zunutze machen kannst. Im Endeffekt musst du aber für dich selbst entscheiden, wie viel Schlaf für dich optimal ist.

Was eindeutig bewiesen ist: Wer regelmäßig zu wenig schläft, hat ein um bis zu vier Mal höheres Risiko zu erkranken als jemand, der ausreichend schläft. Der Körper holt sich seine Ruhephasen eben auf anderem Wege, wenn er sie durch Schlaf nicht bekommt. Denn wenn du krank bist, musst du zwangsweise ruhen.

Überleg doch einfach mal, wer in deinem unmittelbaren Umfeld so ein richtiger Workaholic ist. Und dann überleg mal, wie oft diese Menschen krank sind. Also in meinem Umfeld ist das ganz klar erkennbar, selbst ohne wissenschaftliche Studien.

Bevor sich jetzt aber alle Langschläfer die Hände reiben und schon fröhlich vor sich hin grinsen und endlich eine Rechtfertigung für das lange Schlafen haben: Auch euch muss ich enttäuschen. Langschläfer leben gesundheitlich zwar nicht ganz so schädlich wie Menschen mit dauerhaftem Schlafdefizit, allerdings haben auch sie eine doppelt so hohe Wahrscheinlichkeit zu erkranken als „Normalschläfer".

Und damit sind wir auch schon beim Thema. Was ist denn jetzt eine normale, gesunde Schlafdauer?

Auch dazu gibt es natürlich jede Menge Studien, vermutlich mehr, als man lesen kann und will. Die Kernaussagen des Großteils dieser Studien sind die folgenden:

Der Mensch durchläuft unterschiedliche Schlafphasen im 1,5-Stunden-Rhythmus. Die Hintergründe dazu würden hier zu weit führen, sollte dich das Thema aber genauer interessieren, habe ich ein paar Link-Tipps dazu in den Bonus-Tools zu diesem Buch (mehr dazu findest du auf den letzten Seiten dieses Buches).

Eine ausreichende Schlafdauer hast du, wenn du diese Schlafphasen etwa fünf- bis sechsmal pro Nacht durchläufst. Fünf Schlafphasen wären also 7,5 Stunden, sechs Schlafphasen sind 9 Stunden. Und genau zwischen diesen beiden Zahlen, also zwischen 7,5 und 9 Stunden, liegt laut Wissenschaft die optimale Schlafdauer.

Ich habe seit einigen Jahren den großen Luxus, keinen Wecker mehr zu benötigen. Da ich selbstständig bin, kann ich mir in der Regel selbst einteilen, wann ich aufstehe. Ich schlafe immer ungefähr diese 7,5 Stunden. Selbst wenn ich in der Nacht mal aufstehen muss, ist das meist nach einem Vielfachen dieser 1,5 Stunden, also zwischen zwei Schlafphasen.

Da ich Frühaufsteher bin, beginnt mein Tag in der Regel zwischen 05:00 Uhr und 05:30 Uhr. Das bedeutet im Umkehrschluss, dass ich zwischen 21.30 und 22:00 Uhr schlafen gehe, um auf 7,5 Stunden Schlaf zu kommen. Diese 7,5 Stunden sind also meine optimale Schlafdauer. Ich wache ausgeruht auf und kann dann den ganzen Tag konzentriert und fokussiert arbeiten.

Wird's mal wirklich länger, zum Beispiel, wenn ich mit Freunden Champions League schaue, dann kann es durchaus vorkommen, dass ich einmal pro Woche auch nur vier Schlafphasen habe, also nur sechs Stunden schlafe. Und der Unterschied ist eklatant. Ich brauche dann am nächsten Tag für meine Aufgaben länger, bin abgelenkter, unkonzentrierter und damit auch unzufriedener.

Was bedeutet das für dich?

Ich kann dir keine pauschale Antwort auf die Frage geben, wie lange du schlafen solltest. Ich kann dir nur empfehlen, mit diesem 1,5-Stunden-Rhythmus zu experimentieren.

Tipp

Um das genauer herauszufinden, kannst du über ein paar Tage einfach ein Schlaftagebuch führen. Keine Sorge, das ist nichts Kompliziertes. Notiere in diesem Tagebuch einfach:

- Was habe ich zwei Stunden vor dem Einschlafen gemacht?
- Schlafdauer (Schlafphasen)
- Einschätzung der Qualität deines Schlafes
- Einschätzung des Konzentrations- und Fokuslevels am Folgetag
- Einschätzung der Produktivität am Folgetag

Ja klar, drei dieser fünf Kriterien sind natürlich subjektive Einschätzungen und keine objektiv beweisbaren Kriterien. Aber wenn du dich hier nicht selbst betrügst, wirst du nicht nur sehr schnell ein Muster erkennen, sondern auch zügig herausfinden, was deine optimale Schlafdauer ist.

Muster erkennen wirst du vor allem in Bezug auf die erste Frage der Liste. Um nochmal auf die Champions-League Abende mit meinen Freunden zurückzukommen: Asche über mein Haupt, aber an diesen Abenden fließt natürlich auch Bier. Selbst wenn ich nach diesem Abend eine normale Schlafdauer von 7,5 Stunden habe, leidet am nächsten Tag meine Konzentrationsfähigkeit und meine Produktivität. Und ich meine damit nicht, dass so viel Bier geflossen ist, dass ich am nächsten Tag verkatert bin. Okay, um ehrlich zu sein, auch das kommt (zum Glück eher selten) vor. Was ist aber dann der Grund, wenn nicht Alkohol oder zu kurzer Schlaf?

Ein ganz wichtiger Faktor ist Routine. Der Mensch und damit natürlich auch unser Körper ist ein Gewohnheitstier. Mein Körper hat sich inzwischen sehr gut daran gewöhnt, zwischen 21:30 und 22 Uhr einzuschlafen und zwischen 05:00 und 05:30 Uhr aufzuwachen. Und das funktioniert super. Ich schlafe extrem schnell ein und wache supererholt auf.

Verlasse ich diese Routine, wie bei meinen Champions-League-Abenden, dann verlasse ich auch meine gewohnten Muster. Selbst wenn ich an diesen Abenden kein Bier trinke, bin ich am nächsten Tag nicht so fit, wie ich es üblicherweise bin.

Tipp

Ich kann dir also nur raten, die eine Zeit zu suchen, zu der du zu Bett gehst, und diese dann regelmäßig einzuhalten.

Ich habe dir aber noch 13 weitere Tipps zusammengestellt, die dir einen besseren Schlaf bescheren werden. Die Liste findest du auch als Download im Bonus-Bereich (mehr dazu am Ende des Buches).

13 TIPPS FÜR EINEN BESSEREN SCHLAF

Nicht zu spät essen:
Muss der Magen intensiv arbeiten, um dein Essen verdauen zu können, ist die Qualität des Schlafes beeinträchtigt. Optimalerweise nimmst du zwei bis drei Stunden, bevor du zu Bett gehst, gar keine feste Nahrung mehr zu dir.

Lesen statt TV schauen:
Lies abends lieber ein gutes Buch, anstatt fernzusehen. Einerseits ermüdet Lesen die Augen und damit deinen Körper auf natürliche Art und Weise und zweitens setzt du dich dem schädlichen Blaulicht, das die meisten technischen Geräte von sich geben, nicht aus. Es ist erwiesen, dass dieses Blaulicht deine Schlafqualität massiv stört. Daher bauen viele Hersteller schon Blaulicht-Filter ein, die du ab einer gewissen Urzeit automatisch aktivieren kannst (zum Beispiel am Smartphone).

Qualität des Equipments:
Achte darauf, dass deine Matratze, deine Kissen und deine Decke von guter Qualität sind und deinen Schlaf fördern. Wer hier spart, der spart definitiv am falschen Platz.

Belüfte den Schlafraum:
Entweder schläfst du bei offenem Fenster oder lüftest nochmal ordentlich, bevor du zu Bett gehst.

Nicht heizen:
Im Schlafzimmer sollte es auf keinen Fall zu warm sein,

daher empfehle ich dir, auf das Heizen zu verzichten. Die optimale Raumtemperatur liegt zwischen 16 und 18 °C.

<u>Abendspaziergang:</u>
Ein kleiner Rundgang am Abend sorgt für Entspannung und ist somit förderlich für den Schlaf.

<u>Aufregung und Anstrengung vermeiden:</u>
Abends nichts Aufregendes oder Anstrengendes mehr machen, sondern eher entspannen.

<u>Abendroutine einführen:</u>
Wie ich jetzt schon öfters erwähnt habe, sind die letzten beiden Stunden vor dem Einschlafen sehr wichtig. Achte in dieser Zeit einfach genau darauf, was du tust und vor allem, was du nicht tun solltest.

<u>Ein warmes Bad nehmen:</u>
Hilft beim Entspannen! Aber nicht zu lange und nicht zu heiß baden. Alternativen können auch Fußbäder oder Wärmeflaschen sein.

<u>Sorgen niederschreiben:</u>
Wenn du nicht einschlafen kannst, weil deine Gedanken um etwas kreisen, dann schreib sie einfach auf, bevor du schlafen gehst. Der Prozess des Niederschreibens befreit und die belastenden Gedanken verschwinden aus dem Kopf.

<u>Den kommenden Tag planen:</u>
Oftmals kann man nicht abschalten, weil einem die Dinge des kommenden Tages durch den Kopf gehen. Sollte das bei dir auch der Fall sein, dann setz dich einfach, bevor du aus dem Büro

heimgehst, hin und plane schon den nächsten Tag. Das hilft dabei, abzuschalten.

Ablenken:
Eine weitere Möglichkeit, belastende Gedanken loszuwerden, ist, sich abzulenken. So könntest du zum Beispiel alle Türen, die du am heutigen Tag geöffnet hast, nochmal durchgehen. Das ist eine recht lustige Übung, die dich ablenkt und dir beim Einschlafen hilft.

Entspannungsübungen:
Meditieren, Yoga, Tai-Chi oder einfach nur Dehnen: All das lockert, entspannt und hilft dir möglicherweise auch dabei, besser abzuschalten.

Ich denke, unter diesen 13 Tipps ist sicher der eine oder andere dabei, der dir dabei hilft, besser und schneller einzuschlafen. Probiere einfach alle Tipps mal völlig unvoreingenommen aus. Was dir hilft, behältst du bei, was dir nicht hilft, verwirfst du einfach wieder.

DER POWERNAP (MITTAGSSCHLAF)

Der Powernap ist eine Art „Mittagsschlaf" und soll dir dazu verhelfen, mit mehr Power und Energie in die Nachmittagsstunden zu gehen.

Nach dem Mittagessen ist bei mir der Zeitpunkt, an dem mein Biorhythmus einbricht und ich mich sehr schwer tue, konzentriert zu arbeiten. Mit einem Powernap kann ich diesen Einbruch abfedern und auch am Nachmittag sehr fokussiert und konzentriert arbeiten.

Ein Powernap ist nichts anderes als ein ca. 15-minütiger Leichtschlaf, den du auch im Büro machen kannst. Ziel ist es nicht, tief und fest zu schlafen, sondern dem Körper einfach ein paar Minuten Zeit zur Regenerierung zu geben. Bei mir funktioniert das sehr gut. Ich bin natürlich nicht so erholt wie in der Früh, aber ich sammle mit einem Powernap frische Energie für den Nachmittag.

Eine genaue Anleitung, wie du diesen Powernap am besten umsetzt, findest du in den Bonus-Tools (mehr dazu auf den letzten Seiten des Buches).

FAZIT

Beim Thema Schlaf musst du ein wenig experimentieren und mit Versuch und Irrtum herausfinden, was dir gut tut und deinen Schlaf fördert.

Die Zeit, die du dafür aufwendest, wird sich sehr schnell rentieren, denn ein gesunder und ausgewogener Schlaf ist die Basis, um hochkonzentriert und hochfokussiert arbeiten zu können. Solltest du im Moment nicht so besonders gut schlafen, hast du hier einen starken Hebel in der Hand, der dir extrem viel Mehrwert Bingen wird.

DIE RICHTIGE ERNÄHRUNG

Neben Schlaf hat auch die Ernährung eine extrem große Hebelwirkung. Vor allem, wenn du dich im Moment noch nicht optimal ernährst, kannst du damit viel erreichen.

Keine Sorge, ich werde hier nicht den Ernährungsapostel raushängen lassen, denn um ehrlich zu sein, obwohl ich mich mit dem Thema im Zusammenhang mit Produktivität und auch Sport schon lange Zeit beschäftige, ist auch bei mir noch genügend Luft nach oben.

Selbst kleinere Änderungen können hier schon einen sehr großen Einfluss auf deinen Fokus und deine Konzentration haben.

ENERGIEFRESSER GEHIRN

Beginnen wir ganz oben, bei unserem Gehirn. Bei einem ausgewachsenen Menschen wiegt das Gehirn zwischen 1,3 und 1,4 kg. In meinem Fall sind das ca. 1,5 % meiner momentan 95 kg

Gesamtgewicht. Im Vergleich zum geringen Anteil am Körpergewicht fällt der Energieverbrauch geradezu exorbitant aus und beträgt zwischen 17 und 20 % unseres Gesamtenergieverbrauchs. Das alleine unterstreicht schon, wie sich deine Ernährung (also Energiezufuhr) direkt auf dein Gehirn und damit auch auf deinen Fokus und deine Konzentration auswirkt.

WASSER

Noch ein wichtiger Wert: Unser Gehirn besteht zu 85 bis 90 % aus Wasser. Und Wasser ist auch ein ganz wichtiger Bestandteil, wenn es um Fokus und Konzentration geht. Ich habe den Selbstversuch gemacht und bin einfach mal ohne Wasser zu trinken in den Tag gestartet. Eines gleich vorweg, es war ein fürchterlicher Tag. Schon nach einer Stunde war ich nicht mehr im Stande, konzentriert zu arbeiten. Ich habe das Experiment dann gegen Mittag abgebrochen und mir den restlichen Tag freigenommen.

Tipp

Daher ist es enorm wichtig, dass du dich regelmäßig mit Wasser versorgst. Auch hier gibt es keine allgemeingültige Lösung und du musst selbst ein wenig experimentieren, wie viel Wasser du brauchst.

Ich mache es so, dass ich gleich in der Früh nach dem Aufstehen einen halben Liter Wasser trinke. An meinem Schreibtisch habe ich immer eine volle 1,5-Liter-Wasserflasche stehen. Diese trinke ich während meiner Arbeitszeit aus. So komme ich in den ersten Stunden des Tages auf mindestens zwei Liter Wasser, was für mich optimal ist.

Mittlerweile greife ich ganz automatisch zur Wasserflasche, für die Gewöhnungsphase habe ich aber einen weiteren Tipp für dich. Setze dir auf deiner Wasserflasche oder deinem Wasserkrug mit einem wasserfesten Stift Markierungsmarken und schreibe dir Uhrzeiten dazu. Dann weißt du, bis wann du was getrunken haben solltest, und gewöhnst dich recht schnell daran. Du wirst sehen, es dauert nicht allzu lange und du trinkst automatisch genug.

Übrigens: Von Apps, die dich regelmäßig daran erinnern, Wasser zu trinken, halte ich recht wenig. Der Grund ist Kapitel 4: *Ablenkungen und Störungen*.

DIE GRÖSSTEN FEINDE VON KONZENTRATION UND FOKUS

Wenn du deine Konzentrationsfähigkeit massiv senken willst, dann brauchst du nur regelmäßig auf diese Lebensmittel zurückzugreifen:

- Raffinierter Zucker
- Alkohol
- Verarbeitete Fette
- Zuckerhaltige Getränke
- Einfache Kohlenhydrate (Produkte aus Mehl)

Mehl, Zucker und verarbeitete Fette – da scheiden viele Nahrungsmittel, vor allem Fertigprodukte, schon mal von vornherein aus. Wie gesagt, ich will hier nicht den Ernährungsapostel spielen und ich weiß aus eigener Erfahrung, wie schwer es ist, Produkte mit diesen Inhaltsstoffen zu vermeiden. Mein Ansatz ist ein recht pragmatischer und lautet: „Die Dosis macht das

Gift". Versuche, diese Inhaltsstoffe einfach so gut es geht zu minimieren.

Tipp

Ich gehe sehr gerne zum Krafttraining ins Fitnessstudio und einen Tipp, den ich mir da von den Bodybuildern abgeschaut habe, möchte ich dir hier verraten: Führe einen Cheatday ein, was frei übersetzt so was wie „Schummel-Tag" oder „Tag des Mogelns" heißt.

Bodybuilder müssen ja extrem darauf achten, wie sie sich ernähren. Jedes Gramm Fett sieht man im Wettkampf nicht nur auf den Rippen, sondern es verdeckt auch die wohl definierten Muskeln. Also müssen Bodybuilder nicht nur hart trainieren, sondern auch extrem auf ihre Ernährung achten. Damit sie diese Disziplin durchhalten, haben sie den Cheatday eingeführt. Sechs Tage die Woche ernähren sie sich extrem diszipliniert und am siebten Tag ist dann alles, was der Ernährungsberater verboten hat, erlaubt. Vom Fast Food über Nutella bis hin zu Coca Cola und Red Bull.

Wenn du was zum Lachen haben willst, dann gib auf YouTube einfach mal „Cheatday Challenge" ein. Da werden massenweise Big Macs verdrückt von Menschen, die nur aus Muskeln und Sehnen zu bestehen scheinen.

Diesen Trick kannst du dir abschauen. Versuche, unter der

Woche die oben erwähnten Lebensmittel so gut es geht zu vermeiden oder zu minimieren. Am Wochenende darfst du alles und deine eigene „Cheatday Challenge" starten. Dieses Vorgehen wird nicht nur Auswirkungen auf deine Konzentration und deinen Fokus haben, sondern auf dein gesamtes Wohlbefinden.

Übrigens hat man festgestellt, dass Bodybuilder die vielen ungesunden Kalorien, die sie da zu sich genommen haben, nach spätestens zwei Tagen wieder vollkommen abgebaut haben. Der Körper kann so viel auf einmal ja ohnehin nicht verwerten und scheidet einen Großteil einfach wieder aus.

DIE FREUNDE VON KONZENTRATION UND FOKUS

Lass uns nun aber von den Feinden zu unseren Verbündeten wechseln:

- Wasser
- Pflanzliche Kost
- Fischöl/Krillöl
- Nüsse

Das war es leider schon wieder, sorry. Das sind die Lebensmittel, die deinen Fokus und deine Konzentration verbessern werden. Und zwar ganz automatisch.

Die optimale Kost lautet also Fisch oder Meeresfrüchte mit viel Gemüse und ein paar Nüssen.

Okay, jeden Tag Fisch, nein danke, das ist nichts für mich. Kommen wir auch hier zu einer pragmatischeren Regel, die ich mir aufgestellt habe. Mein Mittagessen sieht eigentlich meistens so aus: Ein halber Teller Gemüse, ein viertel Teller Fleisch oder Fisch und eine sehr kleine Portion Reis oder ein bis zwei Kartoffeln.

Für dein Gehirn ist es vor allem wichtig, viel Omega-3-Fettsäure zu dir zu nehmen. Denn das wirkt sich nachweislich auf dein Gehirn aus.

NAHRUNGSERGÄNZUNGSMITTEL

Ich gehe mit Nahrungsergänzungsmitteln sehr behutsam um, aber Krillöl nehme ich ab und zu auch als Kapsel zu mir. Vor allem dann, wenn ich weder Fisch noch Nüsse gegessen habe.

Wenn ich Seminare oder Workshops gebe, muss ich den ganzen Tag über hochfokussiert und hochkonzentriert sein. Auch an solchen Tagen setze ich Nahrungsergänzungsmittel ein. In diesem Fall eines mit den Zutaten Citicolin, Brahms-Extrakt, Ginseng, Gingko, schwarzem Pfeffer, Vitamin B12 und noch einigen weiteren. Das hilft mir an solchen herausfordernden Tagen wirklich sehr.

Den Link zum Krillöl und zu den Fokus-Kapseln findest du in den Bonus-Tools zu diesem Buch.

ACHTE NICHT NUR AUF DAS WAS, SONDERN AUCH AUF DAS WANN

Das gilt natürlich vor allem für das Abendessen, wie du ja schon im Kapitel *Schlaf* gelesen hast, aber natürlich auch für das Mittagessen.

Ich sage es, wie es ist, mein Biorhythmus bricht nach dem Mittagessen regelmäßig ein. Je nachdem, was ich esse, ist das ein schwerer oder leichterer Einbruch, aber der Einbruch ist da. Also habe ich es mir zur Regel gemacht, das Mittagessen erst etwas später anzusetzen, um so mehr Aufgaben erledigen zu können, für die ich ein hohes Fokuslevel brauche.

Dafür mache ich nach dem Mittagessen dann kognitiv eher wenig anspruchsvolle Arbeiten oder, wie im Kapitel *Schlaf* schon besprochen, einen Powernap.

Tipp

Versuche, die Zeiten für die Essensaufnahme ruhig auch ein wenig zu steuern. Der Spielraum ist zwar begrenzt, aber optimieren lässt es sich damit trotzdem.

KOFFEIN

Kaffee, Energy Drinks, Cola, Bitterschokolade, schwarzer und grüner Tee, sie alle enthalten Koffein in unterschiedlichen Mengen. Während ich auf Energy Drinks und Cola auf Grund des hohen Zuckergehalts verzichten würde, kannst du Kaffee, Bitterschokolade und schwarzen oder grünen Tee sehr wohl einsetzen, um die Konzentration zu steigern.

Ob Kaffee jetzt gesund ist – worauf neuere Studien hinzuweisen scheinen – oder ungesund, darüber will ich hier nicht urteilen. Dazu muss und soll sich jeder selbst seine Meinung bilden.

Meine Meinung auch hier: „Die Dosis macht das Gift". Und ich muss ehrlich gestehen, ich bin als Kaffee-Junkie nicht ganz unvoreingenommen. Hinaus will ich aber auf etwas ganz anderes.

Tipp

Wenn du einige dieser Getränke gerne konsumierst, dann setze sie doch taktisch ein. Anstatt Kaffee zu trinken, wann dir gerade danach ist, trinke ihn genau dann, wenn du im Anschluss Fokus und Konzentration brauchst.

Ich habe dir ja schon erzählt, dass bei mir nach dem Mittagessen der Fokuslevel sehr gering ist. Meine optimale Kombination ist dann ein Espresso und 15 Minuten Powernap. Trinke ich den Espresso, bevor ich den Powernap mache, wirkt er ziemlich exakt dann, wenn ich mich wieder an den Schreibtisch setze.

Überlege dir also einfach, wie du diese Getränke taktisch einsetzen könntest.

Trinkst du bisher keines davon, musst du deswegen jetzt nicht damit anfangen. Denn die Wirkung ist nicht übermächtig und verfliegt auch recht schnell wieder.

FAZIT

Mit der „richtigen" Ernährung hast du tolle Möglichkeiten,

deinen Fokus und deine Konzentration positiv zu beeinflussen. Nutze diesen Hebel unbedingt aus und experimentiere zumindest ein wenig, was für dich gut passt. Schon kleinere Anpassungen können hier einen sehr großen Effekt erzielen.

BEWEGUNG & SPORT

Ich möchte dieses Kapitel mit einer sehr netten Metapher beginnen, um die Wichtigkeit all dieser Dinge, die wir hier gerade besprechen, noch einmal zu unterstreichen. Diese Metapher trifft auf fast alle Bereiche im Kapitel *Basismaßnahmen* zu, ich habe aber bewusst den Bereich Sport & Bewegung gewählt, weil ich der Meinung bin, dass dieser von vielen Menschen am meisten unterschätzt wird.

Zwei Männer gehen zum Holzhacken in den Wald. Einer der beiden ist ein junger, dynamischer und muskulöser Mann. Er strotzt nur so vor Energie und Selbstbewusstsein. Der andere ist so ziemlich genau das Gegenteil des jungen Mannes. Er ist alt, sehr hager und hinkt schon etwas, nur an Selbstvertrauen fehlt es auch ihm nicht.

Die beiden Männer marschiere bzw. hinken in den Wald hinein und nach ein paar kleineren Diskussionen übers Alter und über Muskeln schließen sie eine Wette ab. Wer es schafft, heute mehr

Bäume zu fällen, muss dem anderen seinen gesamten Tagelohn geben.

Als sie an der ihnen zugeteilten Stelle ankommen, beginnt der junge Mann gleich wie wild loszuschlägern. Ein Baum nach dem anderen fällt um, das Tempo ist atemberaubend. Nicht immer, aber recht häufig, wenn er sich einen Augenblick Zeit nimmt, um zum alten Mann hinüberzusehen, sitzt dieser da und macht Pause.

„Wunderbar", denkt sich der junge Mann, „dieses Geld gehört schon mir." Weiter hackt er wie wild in die Bäume, denn Kraft hat er ja genug. Der Tag neigt sich dem Ende zu und die beiden Männer treffen sich, um die Bäume zu zählen, die sie gefällt haben.

Was denkst du, wer gewonnen hat?

Nein, sorry, es war nicht der junge Mann, sondern der hinkende, hagere, alte Mann. Aber wie kann das sein? Das ist doch nicht möglich, oder etwa doch?

Doch, es ist möglich, denn während der junge Mann von früh bis spät und ohne Pausen auf die Bäume eingehauen hat, ist der alte Mann zwar scheinbar dagesessen und hat Pause gemacht, aber er hat in jeder dieser vielen kleinen Pausen auch seine Axt geschliffen.

Während der junge Mann also mit einer immer stumpferen Axt auf die Bäume einschlug, hat der alte Mann immer mit scharfer Axt gearbeitet und dementsprechend mehr Bäume gefällt als der junge.

Was will ich dir mit dieser Metapher sagen? Ganz einfach: Schärfe auch du regelmäßig deine Axt. Dazu gehören Schlaf, Ernährung, Urlaube, Erholung, Pausen und ganz besonders wichtig – Sport und Bewegung.

Keine Sorge, auch hier will ich dich nicht zum Sportfreak machen, sondern dich einfach sensibilisieren, wie wichtig diese Thematik für deinen Fokus und deine Konzentration ist.

Wenn du ein sportbegeisterter Mensch bist wie ich, dann wunderbar. Behalte das bei und mach dir immer wieder bewusst, wie sehr du damit deine Äxte mit den Namen Konzentration und Fokus schärfst.

Solltest du aber nicht wie ich fünfmal die Woche Sport treiben, dann ist das auch kein Beinbruch. Worauf du aber auf alle Fälle schauen solltest, ist ausreichend Bewegung. Das müssen für den Anfang auch keine 10.000 Schritte pro Tag sein, auch wenn das natürlich ein wunderbares Ziel ist.

Du kannst mit einem einfachen Spaziergang in der Mittagspause starten. Oder anstatt mit dem Auto oder den öffentlichen Verkehrsmitteln direkt vor das Büro zu fahren, steigst du ein bis zwei Stationen früher aus und gehst den Rest des Weges zu Fuß.

Mit all diesen Maßnahmen bringst du deinen Kreislauf in Schwung und nimmst viel Sauerstoff auf, der ja bekanntlich auch wichtig für Konzentration und Fokus ist.

Aber nicht nur dein Körper wird es dir danken, sondern auch deine Seele. Einfach mal spazieren gehen und abschalten ist eine wunderbare Sache. Vielleicht funktioniert es anfangs noch nicht ganz so gut, aber je öfter du gehst, desto besser ist es.

FAZIT

Egal wo du gerade stehst, ob du Bewegungsmuffel bist oder ohnehin schon ein wenig sportlich: Setz dir ein Ziel, das du erreichen willst, und steigere damit ganz automatisch auch deinen Fokus und deine Konzentration.

Die 10.000 Schritte am Tag können ein ausgezeichnetes Ziel sein. Und nicht vergessen, auch hier darf es ruhig einen „Cheatday" (wie im Kapitel *Ernährung* erklärt) geben.

DIE ATMUNG

Atmung? Was zur Hölle hat die Atmung mit Fokus und Konzentration zu tun? Die Antwort ist: glücklicherweise sehr viel und daher widme ich ihr hier auch ein eigenes Kapitel.

Als Sportler und Sportmentaltrainer weiß ich, dass die Atmung eines der mächtigsten Instrumente ist, um deinen Körper in den Zustand (mir gefällt der englische Begriff „state" besser) zu bekommen, in dem du ihn haben willst.

Dazu musst du wissen, dass deine Emotionen deine Körperaktivitäten wie eben zum Beispiel die Atmung steuern. Und das ist in der Regel auch gut so. Stell dir vor du müsstest deine Atmung gedanklich steuern, das würde ja gar nicht funktionieren.

Je nachdem ob wir Angst, Aufregung, Schock oder Stress empfinden, reagiert unser sympathisches Nervensystem anders. Das ist auch gut so, denn wenn der Urmensch vor dem Säbelzahntiger stand, hatte er natürlich Angst und brauchte viel Sauerstoff, um entweder fliehen oder kämpfen zu können. Daher erweitert das sympathische Nervensystem die Luftröhre und die Bronchien, damit dem Körper für diese Reaktion (Flucht oder Kampf) mehr Sauerstoff zur Verfügung steht.

Was aber die wenigsten wissen: Es funktioniert auch umgekehrt. So kannst du zum Beispiel über die Atmung deine Emotionen steuern. Das funktioniert natürlich nicht so schnell wie umgekehrt, aber es geht.

Einer der Hauptfeinde von Konzentration und Fokus ist Stress. Bei Stress unterscheidet man zwischen gutem Stress (Eustress) und schlechtem Stress (Disstress). Ich werde dazu im Kapitel *Stress* noch mehr erzählen, aber fürs Erste reicht es zu wissen, dass es positiven und negativen Stress gibt. Dieser negative Stress ist natürlich ein Feind von konzentriertem Arbeiten.

Um das Stressniveau zu senken, musst du dich entspannen, auch klar. Nun kannst du ein heißes Bad nehmen, in die Sauna gehen oder eine Entspannungsmassage genießen. Alles super Wege, aber sie dauern viel zu lange, denn meistens verursachen Deadlines und Abgabetermine Stress. Was also tun?

Die Antwort lautet Atmung, denn damit kannst du deine Emotionen gezielt steuern. Und das binnen weniger Minuten, bei gutem Training sogar binnen Sekunden.

DIE BAUCHATMUNG

Ich möchte dir hier stellvertretend für viele meine Lieblings-Atemübung vorstellen, die Bauchatmung. Einige weitere findest du in den Bonus-Tools zu diesem Buch.

Die Durchführung der Bauchatmung funktioniert folgendermaßen:

1. Achte darauf, gerade zu sitzen oder zu stehen.
2. Lege eine Hand auf den Bauch und die andere auf die Brust.
3. Atme gleichmäßig ein, ohne Luft in dich hinein zu pressen.
4. Lass zuerst die Luft in deinen Bauch fließen und dann erst in deine Brust. Jene Hand, die auf dem Bauch liegt, sollte sich zuerst heben. Erst wenn der Bauch „voll" ist, sollte sich die Hand auf der Brust nach oben bewegen.
5. Atme aus, indem du zuerst die Brust und dann den Bauch einfach locker lässt. Dabei kann es hilfreich sein, einen Ton (F-Laut) zu erzeugen. Der Bauch sollte sich spürbar nach innen bewegen.
6. Atme erst wieder ein, wenn du den Reflex verspürst.
7. Wiederhole diese Form der Atmung so lange, bis das gewünschte Gefühl (Lockerheit, Entspannung, Fokus, Konzentration) eintritt.

Je öfter du diese Form der Atmung trainierst, desto weniger Atemzüge und damit verbunden weniger Zeit wirst du benötigen, um das gewünschte Ergebnis zu erreichen.

Immer wenn ich merke, dass ich im Moment in einem emotionalen Zustand bin, in dem ich nicht sein will, nehme ich mir kurz Zeit und mache diese Übung. So kann ich binnen einer Minute in einen anderen Zustand (State) wechseln. Es ist eine wunderbare Übung, die mir schon tolle Dienste erwiesen hat.

Leg das Buch jetzt kurz zur Seite und teste die Bauchatmung ein paar Minuten. Merke dabei, wie sich dein Körper, aber auch dein Geist entspannt. Herrlich.

Zu Beginn kann es schon ein paar Minuten dauern, bis du eine Reaktion fühlst. Je öfter du die Übung trainierst, umso schneller wirst du den Effekt spüren.

EMOTIONEN

Bleiben wir doch gleich beim Thema, denn vielfach ist es nicht nur Stress, der belastend sein kann. Es gibt da draußen noch viele weitere belastende Emotionen, Gefühle und Gedanken, denen wir ausgesetzt sind und die fokussiertes und konzentriertes Arbeiten sabotieren. Daher möchte ich dir in diesem Kapitel ein paar Lösungsstrategien vorstellen, die ich für mich gefunden habe und die wunderbar funktionieren.

DANKBARKEIT

Ich bin mir sicher, du hast schon gehört oder gelesen, dass sich Dankbarkeit sehr stark auf dein Wohlbefinden auswirken kann. Dankbare Menschen leben einfach glücklicher, entspannter und positiver. Nun habe ich zum Thema Dankbarkeit schon viele Tipps und Tricks gehört und versucht umzusetzen. Ich möchte dir hier zwei mit auf dem Weg geben, die sich für mich als sehr positiv erwiesen haben.

Der erste Tipp, den ich dir geben kann, ist eine Dankbarkeitsliste zu führen. Im Prinzip eine ganz einfache Übung: Nimm dir ein Blatt Papier zur Hand und schreibe Personen, Erlebnisse und Tatsachen darauf, für die du im Moment dankbar bist. Es wirkt wunderbar und hilft mir vor allem in Situationen, in denen ich, aus welchen Gründen auch immer, negativen Emotionen ausgesetzt bin.

Was ich dir im Gegensatz zu vielen anderen aber nicht empfehlen kann ist, diese Übung täglich zu machen. Ich habe die Erfahrung gemacht, dass die Wirkung dadurch sehr schnell verfliegt. Daher schreibe ich diese Dankbarkeitsliste nur, wenn sich in meinem Kopf negative Emotionen breitmachen.

Der zweite Tipp, den ich dir zum Thema Dankbarkeit mit auf den Weg geben kann, sind Dankbarkeitskarten. Ich habe mir einfach Postkarten drucken lassen (bei einer Online-Druckerei kostet das heutzutage kaum noch Geld) auf denen ein Foto von mir zu sehen ist und auf denen in großen Buchstaben „Danke" steht. Immer wenn mir ein Mensch etwas Gutes tut, ich mich über etwas freue oder ich einfach mal danke sagen möchte, dann schreibe ich der Person eine solche Karte.

Das hat drei tolle Wirkungen:

1. Das Schreiben der Karte verursacht in mir positive Emotionen.
2. Die Karte ruft beim Empfänger der Karte positive Emotionen hervor.
3. Der Empfänger bedankt sich in der Regel für den Erhalt der Karte, was wiederum abermals positive Emotionen in mir erzeugt.

Eine tolle Sache, die ich dir nur sehr ans Herz legen kann.

MENTALE SUBTRAKTION

Dankbarkeit ist etwas Tolles, aber mentale Subtraktion geht noch viel tiefer. Du willst glücklich sein und denkst dabei automatisch an Dinge, die dir fehlen.

Ach, wie glücklich wäre ich denn nur, wenn ich zwei oder noch besser drei Millionen Euro auf dem Konto hätte? Wenn ich ein Haus am Strand hätte? Wenn ich endlich einen muskulösen Körper hatte? Wenn ich meinen Traumjob hätte?

Wir fügen also automatisch Dinge hinzu, von denen wir denken, dass sie uns glücklich oder glücklicher machen. Wissenschaftler haben herausgefunden, dass man sich dieses Denken zunutze machen kann, aber in umgekehrter Form.

Dazu darfst du nicht danach fragen, was dir fehlt, sondern du stellst dir die Frage:

„Was wäre, wenn mir etwas Positives, das schon in meinem Leben vorhanden ist, auf einmal weggenommen werden würde?"

Statt unserem Glücksbild Dinge hinzuzufügen, nehmen wir den Radiergummi und radieren gedanklich etwas weg. Wissenschaftler haben festgestellt, dass diese Methode viel stärker ist, als „nur" Dankbarkeit zu zelebrieren.

Etliche Studien haben bewiesen, dass Menschen, die mentale Subtraktion betreiben,

- glücklicher sind,
- achtsamer sind und den Alltag bewusster erleben und
- ein höheres Selbstvertrauen haben.

Wie funktioniert mentale Subtraktion?
Am besten machst du diese Übung wieder schriftlich, denn so hat sie die größte Wirkung.

Wähle etwas aus deinem Leben aus, das dir besonders wichtig ist, besonders am Herzen liegt. Das können Menschen, Materielles, Erlebnisse, aber auch Gesundheit sein.

Stell dir nun dein Leben ohne diese gute Sache vor: Wie sieht dein Leben aus? Lass es gerne als Film vor deinen Augen ablaufen. Was würde dieses Leben von deinem jetzigen unterscheiden? Wie würdest du dich fühlen? Was würdest du denken? Wie würde es um deine Emotionen stehen? Schreib alles auf, was dir in den Sinn kommt.

Atme tief ein und langsam aus. Welchen Wert hat die Sache, von der du dir vorgestellt hast, das sie dir fehlt, denn jetzt in deinem Leben? Und vor allem: Welche Emotionen fühlst du jetzt, da du diese Sache ja noch hast?

Diese Übung hört sich so einfach und simpel an, dass man zu Beginn kaum glauben kann, welch großartige Wirkung sie entfaltet. Als ich das erste Mal davon gelesen habe, dachte ich: „Bullshit". Umso erstaunter war ich, als ich sie dann ausprobiert habe.

Ich lade dich recht herzlich dazu ein, diese Übung jetzt gleich zu testen, damit auch du ihre Power erleben darfst. Nimm also jetzt gleich ein Blatt Papier und leg los.

JOURNALING

Du kennst sicher diese tollen und super gestylten Journale, in denen viele Fragen stehen, die du dann tagtäglich beantworten solltest. Du kannst dir gerne so ein tolles Journal zulegen, aber alles, was du wirklich brauchst, ist ein Stift und ein Blatt Papier oder einen Computer.

„Raus aus dem Kopf" lautet die Devise, wenn dich negative Emotionen quälen. Nimm dir einfach ein paar Minuten Zeit und formuliere deine negativen Gedanken auf ein Blatt Papier. Alleine dieser Vorgang reicht schon, um die Sache wieder ein wenig entspannter zu sehen.

Journaling hat aber noch eine andere positive Funktion. Wenn du einen Computer hast, dann weißt du sicher, dass dieser immer langsamer wird, je mehr Daten du darauf speicherst. Was dann hilft, um den Computer wieder schneller zu machen, ist „defragmentieren", was nichts anderes bedeutet als die Daten neu zu sortieren.

Journaling hilft dir genau dabei, mit der Festplatte, die wir „Gehirn" nennen. Indem du dir täglich ein paar gezielte Fragen stellst und diese auf ein Blatt Papier oder in einem Journal schriftlich beantwortest, hilfst du deinem Kopf dabei, deine Gedanken zu sortieren, aber auch, Gedanken loszulassen. Du ordnest deine Erlebnisse des Tages also richtig ein. Neurowissenschaftler haben herausgefunden, dass fünf Minuten täglich schon reichen, um deine Gehirnstruktur zu verändern.

Bleibt nur noch die Frage offen, welche Fragen du dir genau stellen könntest, um deine Gedanken, Emotionen und Erlebnisse richtig einzuordnen. Und genau da setzt mein Kritikpunkt an diesen vorgedruckten Journalen an. Es gibt einfach keinen pauschalen Fragenkatalog, der auf alle Menschen dieser Erde zutrifft. Du musst jene Fragen, die für dich sinnvoll sind, selbst herausfinden, nur dann wirst du die beste Wirkung erreichen.

Aus diesem Grund habe ich dir in den Bonus-Tools zu diesem Buch 44 Fragen zusammengestellt, aus denen du die interessantesten für dich auswählen kannst.

Du hast hier nun also einige Methoden (Dankbarkeit, mentale Subtraktion, Journaling) kennengelernt, mit denen du deinen Emotionen einen Stoß in die positive Richtung verpassen kannst.

MOTIVATION

Ein weiterer wichtiger Punkt, wenn es um Fokus und Konzentration geht, ist das Thema Motivation. Je motivierter du bist, eine Aufgabe zu erledigen, umso fokussierter und konzentrierter wirst du sie ausführen. Ich denke, über diese Tatsache brauchen wir nicht zu diskutieren.

Das Thema „Motivation" würde ein eigenes Buch füllen, denn dazu gibt es nicht nur viel zu schreiben, sondern man kann auch jede Menge Tipps, Tricks und Strategien besprechen, die deine Motivation steigern. In diesem Buch kann ich dir nur die wichtigsten Komponenten von Motivation vorstellen und dir meinen besten Tipp mit auf den Weg geben, um dranzubleiben und somit auch langfristig motiviert zu sein.

Starten wir aber zunächst einmal mit ein wenig Theorie und zwar mit der Unterscheidung zwischen intrinsischer und extrinsischer Motivation.

Extrinsische Motivation ist, sehr vereinfacht ausgedrückt, von außen zugeführte Motivation. Das beste Beispiel für extrinsische Motivation wäre eine Gehaltserhöhung. Intrinsische Motivation kommt dagegen von innen, also von dir selbst.

Was denkst du, welche der beiden Motivationsarten wird die bessere sein? Welche davon wird langfristig anhalten und dich dauerhaft pushen?

Richtig: intrinsische Motivation! Gut, dann sehen wir uns mal an, welche Zutaten wir benötigen, um intrinsisch motiviert zu sein. Bevor ich damit aber starte, will ich besonders Unternehmer, Trainer und alle, die andere Menschen führen, darauf hinweisen, dass das auch die Grundlagen sind, die du deinem Team zur Verfügung stellen solltest. Diese Zutaten sind das Fundament, auf dem sich die Motivation deiner Mitarbeiter aufbaut.

Die erste Zutat heißt „Selbstbestimmung". Um intrinsisch motiviert zu sein, müssen wir Herausforderungen so lösen können, wie wir es für richtig halten. Sprich, man muss den nötigen Freiraum haben, um Dinge ausprobieren zu können, und man muss auch Fehler in Kauf nehmen (wichtig ist nur, daraus zu lernen).

Zutat Nummer zwei heißt Dopamin. Dabei handelt es sich um ein Hormon, das unter anderem ausgeschüttet wird, wenn du Neues lernst. Vielfach wird Dopamin auch „Glückshormon" genannt. Seien es Erfolge, die du feierst, dass du Dinge tust, die dich glücklich machen, oder dass du eben Neues erlernst: Immer dann wird Dopamin ausgeschüttet.

Die dritte Zutat lautet: Das, was du tun willst, muss mit deinen Werten übereinstimmen. Logisch, oder? Aber glaub mir, so selbstverständlich ist das nicht. Denn die meisten Menschen kennen ihre Werte gar nicht im Detail und können daher auch nicht sagen, ob die Handlungen, die sie vorhaben, ihren Werten entsprechen oder nicht. In den Bonus-Tools zu diesem Buch verlinke ich dir eine Podcastfolge, in der ich dir eine Übung erkläre, wie du deine Werte herausfinden kannst.

Fehlt uns also noch die vierte Zutat, um eine hohe intrinsische Motivation zu bekommen. Diese vierte Zutat heißt „Habe einen Plan". Du weißt, wo du stehst, du weißt, wo das Ziel ist, und du hast ausgearbeitet, wie du von deinem momentanen Standort zu deinem Ziel kommst.

Wunderbar, damit haben wir alle vier Zutaten für eine hohe intrinsische Motivation zusammen. Jetzt bitte ich dich wieder, das Buch zur Seite zu legen und zu überlegen, wie sehr die Aufgaben, die du im Moment umsetzt, mit diesen vier Zutaten ausgestattet sind.

Falls das nicht der Fall ist, hast du nun zwei Möglichkeiten: Entweder du schaffst es irgendwie, diese vier Zutaten hinzuzufügen, oder du suchst dir neue Aufgaben, die diese Zutaten schon beinhalten. Nimm dir jetzt bitte ein paar Minuten Zeit, dir zu diesem Thema Gedanken zu machen.

Denn eines ist klar und ich habe es anfangs schon erwähnt: Je intrinsisch motivierter du bist, umso fokussierter und konzentrierter wirst du an deinen Aufgaben arbeiten. Und das vollkommen automatisch!

Ach ja, ich habe dir ja noch einen Trick versprochen, mit dem du deine Motivation langfristig hoch halten kannst. Denn es gibt Tage, da tut man sich trotz hoher intrinsischer Motivation einfach schwer damit, dranzubleiben, aus welchen Gründen auch immer.

Tipp

Dieser Tipp heißt „Don't break the chain", übersetzt „Unterbrich nicht die Kette". Er funktioniert folgendermaßen: Kauf dir einen großen Jahres-Wandkalender und hänge ihn in deinem Büro auf. Jeden Tag, an dem du dein Tagesziel (z.B. täglich 2 Lister Wasser trinken, die Todo-Liste komplett abgearbeitet haben, usw.) erreichst, kreuzt du mit einem Stift rot an.

Das war es schon wieder, mehr musst du nicht tun. Nehmen wir nun an, du hast die letzten 20 Tage durchgehend das Ziel, an dem du gearbeitet hast, erreicht, und heute ist dieser Tag. Aus welchen Gründen auch immer, es freut dich heute einfach nicht, an deinem Ziel zu arbeiten. Und nun blickst du auf diesen Kalender und siehst die 20 roten Kreuze, die es da schon gibt. Und denkst dir: „Verdammt, wenn ich jetzt durchhänge, dann ist die Kette gebrochen".

Glaube mir, diese Tatsache wird dich motivieren, auch heute dein Vorhaben zu erfüllen.

Auch dieser Trick hört sich einfach an, hat aber eine gewaltige Wirkung. Ich verwende ihn übrigens gerade, denn für dieses Buch sollen jeden Tag mindestens 2.500 Wörter entstehen. Gestern waren es sogar 4.000, aber 2.500 ist das absolute Minimum. Nur dann darf dieses rote Kreuz an den Wandkalender.

Lese-Empfehlung

Mehr zum Thema Motivation, wie auch zum folgenden Kapitel (Willenskraft) findest du im Buch „Die innere Kraft: Motivation und Selbstvertrauen für mehr Erfolg im Leben" von Markus Cerenak.

http://markuscerenak.com/heb3

WILLENSKRAFT

Der Tipp „nicht die Kette zu durchbrechen" hat auch schon mit dem nächsten Thema zu tun und auch dieses wirkt sich enorm auf deinen Fokus und deine Konzentration aus. Damit könnte ich wieder ein eigenes Buch füllen (möglicherweise ist es sogar das nächste, das ich schreibe). Das Thema lautet „Willenskraft"! Man könnte aber auch Disziplin, Beherrschung oder Selbstkontrolle dazu sagen.

ABER WAS GENAU IST EIGENTLICH WILLENSKRAFT?

Willenskraft kannst du dir wie einen Akku vorstellen. Jedes Mal, wenn du eine Entscheidung triffst, kostet dich das Energie und dein Akku wird davon schwächer. Bei den kleineren Entscheidungen wird er nur ein wenig schwächer, bei den größeren um einiges mehr. Jede einzelne Entscheidung kostet also Energie. Hinzu kommt, dass dieser Akku je nach Tagesverfassung mal besser und mal schlechter geladen ist.

Kleines Detail am Rande: Das ist auch der Grund, warum

Menschen wie Steve Jobs (Jeans und schwarzer Rollkragenpulli) oder Marc Zuckerberg (Jeans und graues T-Shirt) immer die gleiche Kleidung tragen. Sie sparen ein klein wenig Akku-Energie für eine andere, vielleicht wichtigere Entscheidung. Das mag sich zwar lustig anhören, hat aber durchaus ernsten Hintergrund, denn diese Menschen müssen täglich enorm wichtige Entscheidungen treffen.

Das war es aber leider noch nicht mit dem Energieverbrauch unseres Willenskraft-Akkus. Was nämlich bei der Willenskraft vielfach vergessen wird, sind Versuchungen und Impulse, die wir unterdrücken. Der Weg an der Naschlade vorbei und die Entscheidung, da jetzt nichts rauszunehmen – auch das kostet Energie und schwächt damit regelmäßig deinen Willenskraft-Akku. Diese Tatsache ist auch der Grund, warum ich prinzipiell nichts Süßes zu Hause habe.

Je mehr Handlungsoptionen wir haben, umso mehr Willenskraft kostet es, eine Entscheidung zu treffen.

Solange unser Willenskraft-Akku Energie hat, können wir Entscheidungen treffen. Ist der Akku aber mal leer, kann das zu einer Art Starre führen und uns daran hindern, Entscheidungen zu treffen. Und für mich persönlich ist klar: Eine schlechte Entscheidung ist in der Regel besser als keine Entscheidung. Um auf das Kernthema dieses Buches – Fokus und Konzentration – zurückzukommen: Wenn ich keine Willenskraft mehr habe und aus diesem Grund keine Entscheidungen mehr treffen kann, dann kann ich logischerweise auch nicht mehr fokussiert und konzentriert arbeiten oder lernen.

SCHAFFE ROUTINEN IN DEINEM LEBEN

Was fangen wir jetzt aber mit diesem Wissen über die Willenskraft an? Zunächst einmal müssen wir eine Art Willenskraft-Akku-Management betreiben. Das heißt, wir müssen dafür sorgen, dass uns der Akku bis zum Schlafengehen nicht ausgeht.

Eine Möglichkeit dafür ist, Dinge zu automatisieren, also ohne eine willentliche Entscheidung ablaufen zu lassen. Das funktioniert am besten mit Routinen. Musst du dich zum Beispiel aktiv dazu entscheiden, in der Früh deine Zähne zu putzen? Wohl kaum, das läuft vollkommen automatisiert ab. Und genau solche Routinen bzw. Gewohnheiten musst du anstatt aktiver Entscheidungen während deines Tages einsetzen. Das ist auch der Grund, warum meinen Mitgliedern auf Selbstmanagement.rocks ein „Gewohnheiten"-Kurs zur Verfügung steht. Wer es schafft, schnell und einfach positive Gewohnheiten in seinem Leben zu implementieren, der wird massenhaft Willenskraft-Akku sparen. Denn Gewohnheiten sind genau diese Routinen, die auf Autopilot ablaufen und keine oder nur sehr wenig Willenskraft benötigen.

Die zweite Möglichkeit, Willenskraft-Akku zu sparen, ist sich anzugewöhnen (wieder eine Gewohnheit), Entscheidungen schnell zu treffen. Vielleicht kennst du das ja: Soll ich? Soll ich nicht? Soll ich? Soll ich nicht? Soll ich? Soll ich nicht? ...

Ganz ehrlich, wie oft haderst du damit, eine Entscheidung treffen zu müssen? Dein Willenskraft-Akku wird mit jedem „Soll ich" ein Stück weit entladen und mit jedem „Soll ich nicht" natürlich auch. Aus diesem Grund wiederhole ich hier einen meiner (ich denke positiven) Glaubenssätze:
Eine schnelle Entscheidung ist besser als eine langsame

Entscheidung. Und eine falsche Entscheidung ist besser als gar keine Entscheidung.

Treffe ich eine falsche Entscheidung, habe ich zumindest einen Weg gefunden, wie es nicht funktioniert. Treffe ich gar keine Entscheidung, habe ich auch kein Learning daraus. Triff Entscheidungen also unbedingt schnell, bevor dir die Puste ausgeht und du gar nichts entscheidest!

Eine dritte Möglichkeit ist, Versuchungen und Impulse gar nicht erst aufkommen zu lassen. Wenn du jedes Mal, wenn du an der Naschlade vorbeigehst, den Impuls, hineinzugreifen und ein Stück Süßes herauszunehmen, unterdrücken musst, kostet das bei jedem Vorbeigehen Energie deines Willenskraft-Akkus. Wenn du gar keine Naschlade hast, kostet es dich auch keine Energie. Dann brauchst du zumindest nur noch Energie, die Süßigkeitenabteilung im Supermarkt großräumig zu umgehen.

Steve Jobs' Kleiderschrank war voll mit schwarzen Rollkragenpullis und blauen Jeans. Er musste den Impuls, heute doch mal ein Hemd anzuziehen, nicht unterdrücken. Und auch nicht den, die passende Krawatte für das Hemd zu finden. Ebenso wenig den, das richtige Sakko zur Hemd- und Krawattenfarbe auszuwählen. Und auch seine Schuhe mussten dann natürlich nicht farblich dazu passen. Huiiii, ganz schön viel Willenskraft-Akku gespart.

Eine vierte Möglichkeit, Willenskraft-Akku zu sparen, habe ich noch für dich. Es gibt Zeitpunkte, da tust du dich leichter, Entscheidungen zu treffen, und es gibt Zeitpunkte, da tust du dich schwerer. Abseits vom Ladestand deines Willenskraft-Akkus hat es nämlich auch sehr viel mit deinem Biorhythmus zu tun. Achte also darauf, wann es dir besonders leichtfällt,

Entscheidungen zu treffen, und triff Entscheidung dann zukünftig zu genau diesen Zeitpunkten. Mit anderen Worten: Achte auf deinen Biorhythmus.

Mach dir nun also bitte zu folgenden Fragen Gedanken:

- Welche Entscheidungen, die ich aktiv treffe, kann ich durch Routinen und Gewohnheiten, die vollkommen automatisiert ablaufen, ersetzen?
- Wie viel Zeit gebe ich mir, Entscheidungen zu treffen (um das Hadern zu verhindern)?
- Welche Versuchungen und Impulse will ich gar nicht erst aufkommen lassen?
- Wann ist vom Biorhythmus her der richtige Zeitpunkt, um Entscheidungen zu treffen?

Tipp

Wenn du dir am Morgen Entscheidungen sparen willst, um deinen Willenskraft-Akku zu schonen, dann solltest du unbedingt die Tagesplanung schon am Vorabend erledigen. Und du kannst diesen Zeitpunkt auch nutzen, um schon deine Kleidung für morgen vorzubereiten.

STRESS

Im Kapitel *Atmung* habe ich ja schon kurz über guten und schlechten Stress gesprochen. Lass und hier nochmal genauer auf das Thema Stress eingehen.

DISSTRESS – NEGATIVER STRESS

Disstress ist jene Art von Stress, die du langfristig vermeiden solltest. Zumindest solltest du, und das ist der erste wichtige Schritt, wahrnehmen, wann du Disstress ausgesetzt bist. Denn nur dann kannst du auch was dagegen unternehmen.

Bist du Disstress längerfristig ausgesetzt, kann das sehr schnell zu negativen Folgen für deinen Körper und deine Psyche führen. Im schlimmsten Fall wirst du ins Burnout schlittern.

EUSTRESS – GUTER STRESS

Ein Leben ganz ohne Stress ist auch nicht wirklich wünschenswert. Stress als solcher ist also nichts Negatives, auch wenn es meist so dargestellt wird. Wie schon öfter in diesem Buch erwähnt: „Die Dosis macht das Gift". Und geringere Dosen an Stress sind durchaus sinnvoll. Gerade in Bezug auf auf Fokus und Konzentration ist das sogar sehr sinnvoll. Vollkommen entspannt in der Hängematte zu baumeln und das Leben zu genießen ist zwar eine tolle Vorstellung, aber wirklich fokussiert und konzentriert arbeiten kannst du in diesem Zustand wohl kaum.

Die richtige Dosis an Stress ist also sogar notwendig, um Fokus und Konzentration herzustellen. Ich würde dir ja gerne allgemeingültige Tipp geben, aber ich muss dich enttäuschen, jeder Mensch hat andere Schwellen, an denen der Eustress zum Disstress wird. Ich kann dich hier nur dazu einladen, in der nächsten Zeit die Achtsamkeit auf dein Stressniveau zu lenken und dir die folgenden Fragen zu beantworten:

- Welches Stresslevel brauche ich, um wirklich konzentriert und fokussiert arbeiten zu können?
- In welchen Situationen bin ich Disstress ausgesetzt?
- Wie kann ich solche Situationen zukünftig vermeiden?

Versteh mich bitte nicht falsch, ab und zu mal Disstress zu haben, wird niemanden umbringen und gehört bei manchen Berufen vielleicht sogar zum Anforderungsprofil. Aber: Langfristig auf dem Gaspedal zu stehen und mit der Umdrehungsanzahl im roten Bereich zu fahren, führt unweigerlich zu einem Motorschaden. Es hat ja auch einen Grund, warum die Rennmotoren der Formel-1-Boliden keine 200.000 km halten wie die Motoren eines normalen Straßenfahrzeugs.

Im Kapitel *Basismaßnahmen* haben wir schon viele Punkte besprochen, was du tun kannst, um vom Disstress wieder in den Eustress zu kommen. Ein besonders wichtiger ist auch der nächste.

DAS RICHTIGE PAUSENMANAGEMENT

Ein richtiges Pausenmanagement haben die wenigsten. Denn richtig Pausen machen bedeutet nicht nur, zum richtigen Zeitpunkt Pausen zu machen, sondern auch, in den Pausen das Richtige zu machen.

Ich arbeite zur Zeit an zwei sehr spannenden Projekten, die mich wirklich fesseln und mir großen Spaß machen. Das ist natürlich toll, aber genau in solchen Situationen, wenn ich hochmotiviert an Projekten und Aufgaben arbeite, passiert es mir leider immer wieder, dass ich vergesse, Pausen zu machen.

Das Resultat: Nachmittags werde ich immer unkonzentrierter und kann kaum noch fünf Minuten am Stück fokussiert arbeiten. Und genau wenn das passiert, schrillen bei mir die Alarmglocken, denn dann gilt es wieder, mehr auf das richtige Pausenmanagement zu achten.

PAUSENMANAGEMENT

Es gibt unzählige Studien, die beweisen, wie wichtig regelmäßige Pausen für deine Produktivität sind. Vergleiche möchte ich mit dem Sport ziehen. Warum machen Sportler eigentlich Pausen?

- Fußballer eine Halbzeitpause
- Tennisspieler nach jeweils zwei Games eine Pause
- Eishockeyspieler die Drittelpausen
- Usw.

Die Antwort ist relativ einfach: Muskeln verbrauchen Energie, wenn sie angestrengt werden, viel Energie sogar. Sind die vorhandenen Energiespeicher vollkommen leer, braucht der Körper relativ lange, um zu regenerieren. Macht der Sportler aber rechtzeitig eine Pause und lässt nicht zu, dass sich seine Energiespeicher komplett entleeren, kann er schon in kurzen Unterbrechungen gut regenerieren und die Speicher füllen sich in dieser Pause flott wieder auf. Oft reichen da schon ganz kurze Pausen.

Genau wie mit den Muskeln des Sportlers verhält es sich mit unserem Gehirn. Auch das ist ein großer Energiefresser, wenn wir hochkonzentriert arbeiten. Wenn wir nun darauf achten, diesen Energievorrat nicht vollkommen leer werden zu lassen, sondern regelmäßig (durch Pausen) wieder aufzuladen, dann werden wir sehr lange sehr konzentriert arbeiten können.

Prinzipiell unterscheide ich drei Arten von Pausen:

MIKROPAUSEN

- Dauer: ca. 20 Sekunden
- Intervall: alle 20 Minuten
- Gestaltung: Augen schließen, zwei- bis dreimal tief durchatmen, kurz aufstehen, ausschütteln, etwas bewegen, evtl. dehnen

Mikropausen sind eine super Sache, denn sie sind leicht in die Arbeit zu integrieren und kosten kaum Zeit. Trotzdem sind sie extrem wertvoll und wichtig. Vor allem, wenn du viel am Bildschirm arbeitest, solltest du diese Unterbrechungen nutzen, um deinen Augen eine Pause zu gönnen.

KURZE PAUSEN

- Dauer: 3 bis 5 Minuten
- Intervall: Einmal pro Stunde
- Gestaltung: Bewegung, Flüssigkeitsaufnahme, Kommunikation mit Kollegen, kleine Routineaufgaben (z.B. Geschirrspüler ausräumen)

Für Menschen, die viel am Bildschirm arbeiten, gilt auch hier: Augen weg von allen Bildschirmen und Displays. Es macht keinen Sinn, in dieser Pause dein Smartphone zur Hand zu nehmen und damit zu „spielen".

LANGE PAUSEN

- Dauer: 30 bis 60 Minuten

- Intervall: Mittagspause, Nachmittagspause (wenn der Arbeitstag mal länger wird)
- Gestaltung: Nahrungsaufnahme, Flüssigkeitsaufnahme, Spaziergang (frische Luft), Bewegung (Sport)

Lange Pausen solltest du zur Nahrungsaufnahme, aber vor allem für etwas Bewegung nutzen. Spaziergänge an der frischen Luft bieten sich hier besonders an.

DER GROSSE MYTHOS RUND UM DAS THEMA PAUSEN

Nehmen wir uns mal einen langen Arbeitstag von 12 Stunden als Beispiel und berechnen die ungefähre Zeit, die du für deine Pausen brauchst:

- Summe der Mikropausen: ca. 12 Minuten
- Summe der kurzen Pausen: ca. 60 Minuten
- Mittagspause: 45 Minuten
- Nachmittagspause: 30 Minuten
- Summe aller Pausen: Ca. 2,5 Stunden

2,5 Stunden sind eine Menge Zeit. Kann man das überhaupt wieder hereinholen? 99 % aller Menschen, die du dazu befragst, werden „Nein" darauf antworten. Und genau das ist der Mythos.

Denn das ist falsch!

Du glaubst nicht, wie viel Zeit du durch mangelnden Fokus, Unkonzentriertheit und dadurch verlangsamtes und fehlerhaftes Arbeiten verlierst. Es ist extrem viel. Viel mehr als diese 2,5 Stunden! In vielen Fällen kannst du mit einem tollen Pausenmanagement sogar das Doppelte dieser Zeit „gewinnen".

MEIN TOOL FÜR DAS PAUSENMANAGEMENT

Das Tool, das ich verwende, um mich regelmäßig an meine Pausen erinnern zu lassen, heißt „TimeOut free". Dieses Tool hat einige Vorteile für mich:

- Es erinnert mich daran, Pausen zu machen, indem es den Bildschirm automatisch verdunkelt.
- Du kannst die Verdunklung des Bildschirms bei der Verwendung bestimmter Programme untersagen. Wenn ich zum Beispiel einen Podcast aufnehme, wäre es denkbar schlecht, wenn sich da plötzlich der Bildschirm verdunkeln würde.

Ich werde dieses Programm im Kapitel *Tool-Tipps* noch näher vorstellen.

Gutes Pausenmanagement wird schnell zur Gewohnheit. Du brauchst dieses Tool nur ein bis zwei Monate zu verwenden und schon wirst du merken, dass du auch ohne TimeOut free regelmäßig Pausen machst. Das Ganze automatisiert sich also recht schnell.

Natürlich kannst du auch andere Tools wie zum Beispiel BeFocused, Brain Focus, Workrave und den TomatoTimer nutzen.

Achte unbedingt darauf, regelmäßig Pausen zu machen, und deine Produktivität wird in die Höhe schießen. Übrigens ist das Thema Pausenmanagement auch ein eigenes Modul im Kurs „Fokussierter arbeiten" auf Selbstmanagement.rocks.

DIE RICHTIGE ARBEITSATMOSPHÄRE

Mit der richtigen Arbeitsatmosphäre wirst du deine Konzentration ganz automatisch steigern! Dass dazu natürlich, wie gerade eben besprochen, ein aufgeräumtes und gut organisiertes Büro gehört, ist schon mal klar. Aber wie kannst du die Arbeitsatmosphäre noch verbessern?

PFLANZEN

Pflanzen verbessern das Raumklima, die Luftfeuchtigkeit und die Luftqualität. Außerdem wirken sie sich positiv auf deine Psychohygiene aus, denn sie beruhigen und sorgen für Abwechslung. Falls dich das Thema näher interessiert, findest du in den Bonus-Tools zu diesem Buch einen spannenden Artikel dazu.

MOTIVIERENDE PLAKATE UND POSTER

Gerade wenn du Konzentrationsprobleme hast, ist es sicher nicht schlecht, sich aufbauendes Bildmaterial im Büro aufzuhängen. Suche also einfach Bilder, die gut zu deiner Herausforderung oder deinen Zielen passen, versieh sie mit einem spannenden Zitat, Leitsatz oder positiven Glaubenssatz, drucke sie aus und hänge sie in deinem Büro auf.

Du wirst sehen, es hat eine enorme Wirkung auf dich, dieses Bild und diesen Satz mehrmals pro Tag zu sehen und zu lesen. Einziger kleiner Wermutstropfen: Die Wirkung lässt irgendwann nach (zumindest bei mir). Du solltest diese Bilder also in regelmäßigen Abständen austauschen.

MUSIK: SPEZIELL MODULIERTE MUSIK

Musik kann dir sehr dabei helfen, deinen Fokus und deine Konzentration zu steigern. Allerdings meine ich nicht Musik aus dem Radio, sondern speziell modulierte Musik. Das Tool, das ich dazu verwende, heißt Focus@Will (ich werde es im Kapitel *Tool-Tipps* genau vorstellen).

Diese Musik ist so moduliert, dass sie deine Konzentration steigert, dir hilft, schnell in den Workflow zu kommen, deine Produktivität erhöht und akustische Ablenkungen ausschaltet.

Ich verwende Focus@Will meistens dann, wenn ich merke, dass meine Konzentration sinkt. Wenn ich nicht im Büro, sondern z.B. auf Reisen bin, dann verwende ich Focus@Will in Kombination mit meinen Noise-Cancelling-Kopfhörern. Das ist ein Setting, das auch für Großraumbüros super geeignet ist.

GERÜCHE

Ja, du hast richtig gelesen, auch Gerüche können dir dabei helfen, deine Konzentration zu steigern. Vor allem Gerüche in Form von ätherischen Ölen sind da besonders gut geeignet. Mit einem Aroma-Diffuser (Link in den Bonus-Tools) lassen sich diese Gerüche super im Raum verteilen und helfen dabei, konzentriert und fokussiert zu arbeiten.

FAZIT

Die richtige Arbeitsatmosphäre trägt enorm dazu bei, deinen Fokus und deine Konzentration zu steigern und in der Folge über möglichst lange Zeit hoch zu halten.

Teste all diese Tipps, behalte bei, was dir hilft, und was dir nicht hilft, verwirfst du ganz einfach wieder.

ORDNUNG

Ich habe es schon im Kapitel *Herausforderungen* geschrieben, der durchschnittliche Knowledgeworker verbringt bis zu zwei Stunden seines Arbeitstages mit dem Suchen nach Informationen, Dateien, Ordnern, Dokumenten, Unterlagen, Utensilien, Equipment, Telefonnummern, E-Mail-Adressen und vielem mehr.

Je ordentlicher du bist, desto weniger Zeit verbringst du mit dem Suchen nach Dingen. Was aber noch viel wichtiger ist: Je ordentlicher du bist, umso eher wirst du deine Konzentration steigern und deinen Fokus erhöhen.

EINE FREIE ARBEITSFLÄCHE

Keine Aktenstapel, kein Mist, keine Utensilien, die du nicht brauchst, keine Post-it-Aufkleber, denn all diese Dinge bedeuten Ablenkung. Auf deinem Arbeitsplatz sollten sich nur Dinge befinden, die du im Moment zum Abarbeiten deiner Aufgaben benötigst.

Ist eine Aufgabe erledigt, räumst du die entsprechenden Dokumente weg und holst dir die Unterlagen, die du für die Ausführung der neuen Aufgabe benötigst. Auch wenn du es vielleicht nicht glauben magst, aber alles, was nicht zur aktuellen Aufgabe gehört, lenkt dich ab. Wenn du deine Konzentration steigern willst, dann sorge stets für eine leere Arbeitsfläche.

ENTRÜMPLE DEIN BÜRO

Entsorge alles, was du nicht unmittelbar für deine Arbeit benötigst, denn auch diese Dinge lenken nur ab. Du wirst sehen, wie ein entrümpeltes, aufgeräumtes und reorganisiertes Büro deine Produktivität und deine Konzentration steigern wird. Alle Mitglieder von Selbstmanagement.rocks finden im Memberbereich den Kurs „Büro-Gerümpel-Challenge". Darin zeige ich dir, wie du schnell, einfach und effektiv dein Büro entrümpeln und reorganisieren kannst. Entsorge alles, das du nicht unmittelbar für deine Arbeit brauchst.

REORGANISIERE DEIN BÜRO

Utensilien, die du öfters verwendest, müssen in deiner Nähe, am besten in Griffweite sein, jene, die du weniger brauchst, dürfen sich ruhig ein wenig entfernt von deinem Arbeitsplatz befinden. Klingt logisch, du glaubst aber nicht, wie oft ich schon Büros gesehen habe, in denen das nicht der Fall war.

Immer aufstehen zu müssen, wenn du ein Ding brauchst, mag zwar deiner Gesundheit dienen, aber es wird weder deinen Fokus erhöhen noch deine Konzentration steigern.

DIGITAL ENTRÜMPELN

Zum Entrümpeln gehören übrigens nicht nur die physischen Dinge, sondern auch die elektronisch gespeicherten Informationen. Wie steht es denn um dein Ablagesystem? Musst du siebenmal klicken, bis du bei der entsprechenden Datei bist, oder hast du sie mit zweimal Klicken geöffnet?

Entrümple regelmäßig dein Dateiablage-System, entrümple deinen Desktop auf dem Computer, Laptop, Tablet-PC und Smartphone. Je cleaner das alles ist, umso weniger musst du deinen Workflow unterbrechen und umso länger bleibst du konzentriert und fokussiert.

Übrigens bekommst du im Kurs „Büro-Gerümpel-Challenge" auf Selbstmanagement.rocks auch eine Anleitung, wie du digital entrümpelst und dich reorganisierst.

EIN TOLLES NOTIZMANAGEMENT

Natürlich darf beim Thema Ordnung auch ein gut organisiertes Notizmanagement-System nicht fehlen. Das genau zu erklären, würde hier den Rahmen sprengen. Wenn dich das Thema Notizmanagement genauer interessiert, dann solltest du dir mein Buch „Evernote – Mein Life-Management-Tool" näher ansehen.

FAZIT

Ordnung ist die Grundvoraussetzung für Produktivität und ist besonders wichtig, wenn du deinen Fokus und deine Konzentration steigern bzw. hoch halten willst. Ja, natürlich ist es erstmal aufwendig, Ordnung zu schaffen, aber mit der richtigen Strategie (die du ebenfalls im Kurs „Büro-Gerümpel-Challenge" erklärt bekommst) wirst du diese Ordnung zukünftig beibehalten.

ACHTSAMKEIT

Achtsamkeit ist ein wichtiger Punkt, wenn es um Konzentration und Fokus geht. Einerseits die Achtsamkeit darauf, wie konzentriert und fokussiert ich im Moment überhaupt bin und andererseits gewisse Handlungen, auf die ich nicht unbedingt meine Achtsamkeit legen sollte.

Starten wir zunächst einmal mit dem ersten Teil, nämlich der Achtsamkeit auf dein Fokus- und Konzentrations-Level. Vor allem wenn du jemand bist, der sich sehr leicht ablenken lässt (egal ob von Technik, Menschen oder dir selbst), solltest du unbedingt darauf achten, wodurch du genau abgelenkt wirst. Sprich: Du musst die Ursachen genau erforschen.

Tipp

Eine gute Methode dafür ist dir anzugewöhnen, nach jeder Aufgabe zu hinterfragen, wie konzentriert du an der Aufgabe gearbeitet hast. Dazu setzt du dir auf deiner To-do-Liste eine Erinnerung, indem du einfach zwischen den einzelnen Aufgaben immer die Aufgabe „Fokus-Kontrolle" setzt. Bewerte dann nach dem Schulnotensystem, wie zufrieden du mit deinem Fokus und deiner Konzentration während der Erledigung der Aufgabe warst.

Neben der Schulnotenbewertung solltest du außerdem (es sei denn, es ist ein „Sehr gut") jene Punkte aufschreiben, die deinen Fokus und deine Konzentration negativ beeinflusst haben. Wenn du das ein paar Tage lang tust, wirst du sehr schnell Muster erkennen. In der Regel sind es nämlich immer eine Handvoll Ursachen, die sich regelmäßig wiederholen. So kannst du sehr schnell eine Liste an Problemstellungen erarbeiten.

Und damit kommen wir zum zweiten Teil, auf den du deine Achtsamkeit lenken solltest. Nämlich die Handlungen, die du zukünftig vermeiden solltest. Wenn du zum Beispiel jemand bist, der während einer Aufgabe regelmäßig sein Smartphone zückt, um die aktuellen News zu checken, dann solltest du das Smartphone einfach abgeschaltet und im letzten Eck eines Kastens aufbewahren und nur in den Pausen hervorkramen. Du kannst aus dieser Liste an Problemstellungen also sehr schnell eine Notto-do-Liste erstellen.

NOT-TO-DO-LISTE: DURCH UNTERLASSEN PRODUKTIVER WERDEN

Auf meine Not-to-do-Liste kommen Dinge, gegen die ich mich entschieden habe, indem ich mich für etwas anderes entschieden habe. Zum Beispiel ist das Arbeiten im Sitzen auf meiner Not-to-do-Liste, weil ich mich für das Arbeiten im Stehen entschieden habe. Außerdem vereinbare ich für meine Vormittage keine Termine, um in dieser Zeit produktiv und effizient an meinen Projekten zu arbeiten.

Was aber für das Thema Fokus und Konzentration noch wichtiger ist, es kommen Dinge drauf, die nur Zeit und Energie kosten und mich vom fokussierten und produktiven Arbeiten abhalten.

DIE VORTEILE EINER NOT-TO-DO-LISTE:

Ich möchte dir nun die wichtigsten Vorteile einer Not-to-do-Liste vorstellen. Diese Liste hat keinerlei Anspruch auf Vollständigkeit und soll dir lediglich klarmachen, was dir das Führen so einer Liste bringt.

- Du bist fokussierter: Es gibt immer wieder Dinge, mit denen du deinen Fokus bewusst oder unbewusst selbst sabotierst. Mit einer Not-to-do-Liste machst du dir diese Dinge bewusst oder erinnerst dich zumindest regelmäßig daran. Die Chance ist sehr groß, dass du diese Selbstsabotage mit einer Not-to-do-Liste minimierst oder gar eliminierst.

- Du weißt, was du willst, aber auch, was du nicht willst: Die To-do-Liste sagt dir ganz klar, was du erreichen willst, die Not-to-do-Liste hingegen ebnet dir den Weg, diese Dinge auch möglichst produktiv und effizient abzuarbeiten. Durch die Not-to-do-Liste hast du einen roten Faden, anhand dessen du dich ohne große Umwege durch den Tag lotsen kannst.

- Du bist deutlich produktiver: Du scrollst nicht ewig lange durch die Facebook-Timeline, weil du weißt, dass du Aufgaben zu erledigen hast. Und wenn du das doch tust, meldet sich dein schlechtes Gewissen und sagt dir: „Hey, was tust du da eigentlich? Dieses Ding steht auf der Not-to-do-Liste. Mach gefälligst sofort etwas, das auf deiner To-do-Liste steht." Dadurch schaffst du mehr. Coole Sache, oder?

WIE ICH MIT MEINER NOT-TO-DO-LISTE UMGEHE

Meine Not-to-do-Liste befindet sich in Evernote. Zu Beginn hatte ich sie ausgedruckt in der Nähe meines Computers hängen, aber das ist mittlerweile nicht mehr notwendig.

Ich kenne die Punkte darauf schon so gut, dass das schlechte Gewissen sofort anschlägt, wenn ich mal doch etwas mache, was ich eigentlich vermeiden wollte.

Einmal pro Tag überprüfe ich, ob ich bei der Erledigung meiner Aufgaben nicht doch eines der „verbotenen" Dinge gemacht habe, ohne es bewusst mitzubekommen. Zu diesem Zeitpunkt überprüfe ich auch, ob es nicht eventuell neue Punkte gibt, die auf meine Not-to-do-Liste gehören. Wenn du gerade mit deiner Not-to-do-Liste startest, empfehle ich dir, nach jeder erledigten Aufgabe zu überprüfen, ob du dabei gegen Punkte auf der Liste verstoßen hast.

Du siehst, diese Liste ist nichts Statisches, sondern etwas Dynamisches. Es macht also gar nichts, wenn du mit nur zwei oder drei Punkten auf deiner Not-to-do-Liste startest. Das empfehle ich dir sogar. Lass deine Liste allmählich anwachsen, anstatt mit einer langen Liste zu starten, an die du dich ohnehin kaum hältst.

So eine Not-tTo-do-Liste kann dich schulen, deine Achtsamkeit auf jene Dinge zu richten, die dich unproduktiv machen und die deinen Fokus und deine Konzentration stören, diese sofort zu entlarven und auch gleich wieder einzustellen. Falls du mal einen Blick auf meine Not-to-do-Liste werfen willst, kannst du das in den Bonus-Tools zu diesem Buch tun.

Tipp

Ein Punkt der auf keinen Fall auf deiner Not-to-do-Liste fehlen sollte, ist der Verzicht auf Tagesnachrichten (vor allem am Morgen). Ob du es glaubst oder nicht, aber wenn du schon am frühen Morgen Nachrichten von Gewalt, Kriegen, unfähigen Politikern und sonstigen negativen Dingen liest und hörst, wirkt sich das den ganzen Tag über auf dich aus. Meine beste Entscheidung war es, auf tagesaktuelle Nachrichten zu verzichten.

Ich möchte dir hier nur kurz ein Beispiel geben, warum ich davon überzeugt bin, dass der Konsum von tagesaktuellen Nachrichten negativ ist. Dazu eine Frage: Hast du schon mal daran gedacht, dass du Opfer eines Haiangriff werden könntest, wenn du ins Meer baden gegangen bist? Die meisten haben das, ich natürlich ebenso. Weißt du, wie viele Tote es pro Jahr durch Haiangriffe gibt?

Schätze doch einfach mal, bevor du weiterliest. Oder frag einfach mal Freunde, Bekannte, Verwandte, was sie schätzen.

Du wirst erstaunt sein, wie sehr die Antworten und die Realität auseinanderliegen. Im vergangenen Jahr sind 10 Menschen Haiangriffen zum Opfer gefallen. In Worten: zehn! Alleine dieses kleine Experiment soll dir zeigen, was intensiver Medienkonsum mit dir anstellt.

Solltest du jetzt gar keine Nachrichten mehr konsumieren? Natürlich nicht, aber ich empfehle dir, zwei gute Wochenmagazine zu lesen. Auch darin stehen negative Nachrichten, aber der meiste Schrott, der am nächsten Tag keinen Menschen mehr interessiert, ist da schon herausgefiltert.

KONZENTRATIONSÜBUNGEN

Konzentrationsübungen gibt es wie Sand am Meer. Das Problem: Die meisten davon sind Schrott. Wer will schon sinnlos erscheinende, langweilige und langwierige Übungen machen? Die Antwort lautet: niemand, zumindest aus meiner Erfahrung nicht.

Ich will versuchen, dir hier ein paar Übungen vorzustellen, die lustig, spannend und motivierend sein können. Denn langfristig wirst du nur Übungen machen, die das Glückshormon Dopamin ausschütten. Außerdem wirst du mit all diesen Übungen nicht nur deinen Fokus und deine Konzentration schulen, sondern auch einen Zusatznutzen haben.

GLEICHGEWICHTSÜBUNGEN

Jede Form der Gleichgewichtsübung schult neben deinem Gleichgewichtssinn auch deine Konzentration. Geräte, um dein Gleichgewicht zu trainieren, gibt es viele: Matten, Discs, Boards, Gymnastikbälle, Pedalo, usw. (in den Bonus-Tools findest du einen Link zu diesen Geräten).

Warum du mit Gleichgewichtsübungen auch deine Konzentration schulst, ist einfach beantwortet: Du musst den vollen Fokus auf deinen Körper legen, um nicht aus dem Gleichgewicht zu kommen. Solltest du eines dieser Geräte zu Hause haben, versuche erst einmal, „normal" drauf zu balancieren und dann führe (gerne auch mit Headset) ein Telefongespräch dabei. Obwohl Telefonieren keine besonders anspruchsvolle Tätigkeit ist, wird es dir sehr schwerfallen, die Konzentration und damit dein Gleichgewicht zu halten.

Das Tolle an diesen Gleichgewichtsübungen ist, dass du sie auch einsetzen kannst, wenn du merkst, dass dein Fokus mal nachlässt. Einfach ins Büro ein Balanceboard stellen, ein bis zwei Minuten darauf balancieren und schon hast du deine Konzentration wiederhergestellt.

Je öfter und je länger du diese Gleichgewichtsübungen machst, umso besser und umso länger wirst du auch konzentriert arbeiten können.

REAKTIONSTRAINING

Ähnlich wie beim Gleichgewichtstraining ist es auch beim Reaktionstraining so, dass du hochfokussiert und hochkonzentriert sein musst, sonst wird es nichts mit einer schnellen Reaktion. Das Problem an Reaktionsübungen ist nur, dass du sie selten alleine ausführen kannst.

Die beliebteste Reaktionstrainingsübung (vor allem bei Kindern) ist ein einfacher Reaktionstest. Dazu brauchst du so etwas wie einen abgesägten Besenstiel oder Ähnliches. Ab der Mitte dieses Stiels machst du im Zentimeterabstand Markierungen, so wie auf einem Lineal. Die Person, die ihre Reaktion trainieren soll (A) sitzt mit dem Rücken zu der Person, die den Test ausführt (B). B hält den Stiel am obersten Ende senkrecht vor A, während A genau an der Null-Zentimeter-Markierung die Hand um den Stiel hält, stets bereit zuzugreifen.

A lässt nun den Stiel zu einem zufällig gewählten Zeitpunkt aus und B muss so schnell wie möglich zugreifen. Wie schnell B das schafft, findet man Anhang der Markierung heraus. Jede Person hat drei Versuche, der Beste davon zählt. Bei dieser Übung darf man sich ruhig auch mal zwei bis drei Minuten Zeit lassen, bevor man loslässt. So muss B wirklich lange fokussiert auf den Stiel achten und stets einsatzbereit sein.

Ein lustiges und spannendes Spiel, das viel Dopamin ausschüttet.

Als Alternative kannst du deine Reaktion auch anhand eines Reaktionsballs schulen. Das funktioniert vollkommen alleine und kann auch viel Spaß machen.

KOORDINATIONSTRAINING

Wer Sport treibt, wird mit dem Begriff Koordinationstraining vermutlich etwas anfangen können. Es geht einfach darum, bestimmte Bewegungen auszuführen, die sehr anspruchsvoll sind und nicht dem alltäglichen Bewegungsmuster entsprechen.

Wenn du zum Beispiel laufen gehst oder im Fitnesscenter trainierst, dann nutze doch fünf Minuten pro Training, um koordinativ zu trainieren. Auch dazu gibt es wieder Geräte wie Koordinatiosleitern, Hüte, Ringe und vieles mehr. Auch dazu habe ich dir einen Link in den Bonus-Tools zur Verfügung gestellt.

Mit dieser Art Übungen tust du was für deinen Körper und gleichzeitig auch etwas für deine Konzentration.

Tipp

Wenn du diese Übungen zum ersten Mal machst, empfehle ich dir, sie beim Aufwärmen einzubauen. Machst du sie aber schon öfter, solltest du sie ganz ans Ende des Trainings legen. Da bist du nämlich schon müde und vermutlich nicht mehr ganz so konzentriert. Umso mehr musst du dich dann konzentrieren, um diese Übungen richtig auszuführen.

MEDITATION

Zu meditieren bedeutet nicht nur, sich zu entspannen und zu erholen, sondern auch, sich zu fokussieren. Insofern trainiert Meditation natürlich auch deine Konzentrationsfähigkeit.

Meditation kannst du natürlich auch sehr gezielt einsetzen, indem du genau dann meditierst, wenn dein Fokus und deine Konzentration auf dem Weg in den Keller sind.

Über das Thema Meditation wurden ganze Bücher geschrieben, daher will ich mich hier nicht weiter in das Thema vertiefen. Ich habe dir aber einen spannenden Link dazu in den Bonus-Bereich gepackt.

LIFE KINETIK

Da ich lizensierter Life-Kinetik-Trainer bin, habe ich einen sehr tiefen Einblick in dieses Thema. Life Kinetik ist Gehirnentfaltungstraining, also eine Trainingsform, die das Gehirn durch ständig neue Aufgabenstellungen fordert und fördert.

Du wirst beim Training also gezielt überfordert. Das hat zur Folge, dass du hochkonzentriert arbeiten musst, um die dir gestellten Aufgaben zu lösen. Es macht gleichzeitig aber unheimlichen Spaß und sorgt damit für jede Menge Dopamin in deinem Körper.

Auch zum Thema Life Kinetik findest du weiterführende Informationen im Bonus-Bereich.

Damit hast du einige spannende und inspirierende Möglichkeiten, mit denen du deinen Fokus und deine Konzentration sowohl in deiner Freizeit als auch im Büro schulen kannst.

UMSETZUNG IN DIE PRAXIS – DER TODSICHERE WEG ZU SCHEITERN

Ich habe dir in der Einleitung zum Kapitel *Basismaßnahmen* ja schon angekündigt, dass es verdammt wichtig ist, wie du das alles nun in der Praxis umsetzt.

Ich will dir jetzt den Weg vorstellen, wie du es mit 100-prozentiger Sicherheit nie schaffst, deine Konzentration zu steigern. Alles, was du dafür tun musst, ist jetzt sofort und am besten gleichzeitig damit zu beginnen, deinen Schlaf zu optimieren, deine Ernährung umzustellen, dich mehr zu bewegen, an deiner Atmung zu arbeiten, ein Journal zu schreiben, deine Willenskraft zu stärken, dein Stressmanagement umzustellen und mit allen vorgestellten Konzentrationsübungen zu beginnen.

Kommt dir das irgendwie bekannt vor? Klingt wie Neujahrsvorsätze, oder? Mit denen scheiterst du ja vermutlich auch regelmäßig.

Nein, sorry, aber so funktioniert das Spiel nicht. Wenn du all diese Punkte wirklich umstellen und optimieren willst, dann musst du den Marathon nehmen und nicht den Sprint. Bedeutet in der Praxis: Setze einen Punkt nach dem anderen um.

Sieh dir all diese Basismaßnahmen nochmal an und überlege, welche davon dir im ersten Schritt den größten Mehrwert bringen kann. Erstelle einfach eine Reihung dieser Maßnahmen: von jener, von der du dir den größten Mehrwert versprichst, bis hin zu der mit dem geringsten Mehrwert für dich.

Wenn du diese Liste hast, dann arbeitest du sie Schritt für Schritt ab. Ob du für die Umsetzung und die Integration nun zwei, vier, sechs oder acht Wochen benötigst, tut nichts zur Sache. Jede Maßnahme wird deinen Fokus und deine Konzentration steigern und du wirst Schritt für Schritt immer besser. Was aber das Allerwichtigste ist: Das alles passiert dauerhaft und nicht nur als Strohfeuer.

Wenn du all diese Basismaßnahmen auf einmal umsetzen willst, dann ist das so, als würdest du dir ein Kochbuch kaufen und alle Rezepte darin auf einmal kochen. Auf diese Idee würde lustigerweise niemand kommen, denn

- kein einziges Rezept würde fertig werden,
- in der Küche würde das absolute Chaos herrschen und
- sehr schnell würde sich Frustration breit machen.

Sieh also bitte jede dieser Basismaßnahmen als Rezept an und koche eines nach dem anderen. Bei manchen Rezepten musst du vielleicht Anpassungen machen, damit es dir am Ende schmeckt. Nimm dir genügend Zeit dafür und der Erfolg kommt ganz automatisch.

Daher nochmal meine Bitte: Nimm den Marathon und nicht den Sprint!

Lese-Empfehlung

Wenn du generell Probleme mit dem Umsetzen hast, dann empfehle ich dir das Buch „Endlich erfolgreich! Strategien planen, Ziele erreichen, erfolgreich werden" von Tom Oberbichler.

https://mission-bestseller.com/zielebuch

KAPITEL 4

STÖRUNGEN & ABLENKUNGEN

Eine Ablenkung ist ein Reiz, der dich von deiner momentanen Tätigkeit abbringt und deine Aufmerksamkeit auf etwas anderes richtet. Dabei unterschiede ich noch zwischen interner und externer Ablenkung.

Interne Ablenkungen sind auf dich selbst, auf deine eigenen Gedanken und Handlungen zurückzuführen. Also zum Beispiel Einfälle, Ideen zu einer anderen Aufgabe als jener, an der du momentan arbeitest. Aber auch Eigensabotage wie zum Beispiel Multitasking zählt hier dazu.

Externe Ablenkungen sind zum einen technische und zum anderen menschliche Störungen. Also zum Beispiel das Läuten eines Telefons oder ein Mitarbeiter, der dich mit einer Frage bei einer Aufgabe unterbricht.

INTERNE ABLENKUNGEN DURCH EINFÄLLE UND IDEEN

Hier unterscheide ich hier zwischen vier Einfällen und Ideen, die natürlich unterschiedliche Auswirkungen auf dich haben.

1. GEDANKEN, DIE EINE STRESSREAKTION HERVORRUFEN

Habe ich die Haustüre daheim abgeschlossen? Habe ich dem Kunden in der E-Mail auch die PDF-Datei mit dem Angebot angehängt? Ist der Termin mit dem Vorstand heute oder morgen?

Du kennst sie sicher, diese Gedanken, die dir plötzlich einschießen und bei denen du dir nicht sicher bist, ob du sie gemacht hast oder nicht? Wie solltest du mit solchen Gedanken umgehen? Nun, verdrängen und mit der Aufgabe, an der du gerade gearbeitet hast, weitermachen funktioniert leider nicht. Dieser Gedanke wird immer und immer wieder kommen und dich daran hindern, konzentriert und fokussiert an deiner Aufgabe zu arbeiten.

Der einzige vernünftige Lösungsvorschlag lautet also: Versuche die Frage, die da in deinem Kopf aufgepoppt ist, irgendwie zu lösen! Entweder indem du es selbst kontrollierst oder indem du es kontrollieren lässt. Andernfalls wird dich dieser Gedanke so lange begleiten, bis du eine Antwort auf die Frage gefunden hast.

2. GEDANKEN AN UNFERTIGE AUFGABEN UND UNGELÖSTE PROBLEME

Hier geht es um offene Enden oder offene Baustellen, an denen du arbeitest. Du arbeitest an einer Aufgabe zu einem Projekt und dir fallen immer wieder To-dos zu anderen Projekten, aber auch private Aufgaben ein, die du zu erledigen hast.

Je mehr offene Baustellen du in deinem Leben hast, umso mehr wirst du Störgedanken dieser Art haben. Ich weiß natürlich, dass es Berufe gibt, in denen es normal ist, dass man jede Menge Projekte parallel abarbeiten muss. Aber es gibt auch Berufe, in denen man die einzelnen Projekte hintereinander erledigen kann. Überlege dir einfach mal, inwiefern das bei dir möglich ist.

Je mehr Ziele und Projekte du verfolgst, umso mehr Störgedanken werden da sein. Je mehr du dich auf ein einziges Projekt fokussierst, umso einfacher wird es sein, Gedanken dieser Art zu vermeiden.

Es gibt hier also zwei Lösungsansätze: Der erste ist, die Zahl der offenen Baustellen zu reduzieren und auf geringem Niveau zu halten. Das funktioniert vor allem bei Unternehmern und Selbstständigen recht gut, denn die sind in der Regel weniger fremdbestimmt. Ich war früher auch jemand, der sehr gerne neue Baustellen aufgemacht hat, schließlich waren ja überall so spannende Ideen, die ich umsetzen konnte. Daher habe ich für mich eine Methode entwickelt, mit der ich die Anzahl meiner offenen Baustellen genau reglementiere.

So darf ich zum Beispiel nur zwei große Projekte gleichzeitig am Laufen haben. Eines davon ist ein Dauerprojekt und setzt sich aus allem rund um meine Selbstmanagement-Angebote (https://selbst-management.biz), meinen Mitgliederbereich (https://selbstmanagement.rocks) und meine Seminaren und Keynotes (https://thomas-mangold.com) zusammen. Dieses Projekt begleitet mich schon über Jahre und wird auch dauerhaft weiterentwickelt. Neben diesem Dauerprojekt darf ich also immer nur ein weiteres großes Projekt starten, so meine Regel. Im Moment ist dieses zweite große Projekt das Schreiben dieses Buches hier, das du gerade in Händen hältst. Diese beiden großen Projekte machen bis zu 60 % meines wöchentlichen Zeitinvestments aus.

Neben den beiden großen Projekten darf ich maximal drei mittlere Projekte offen haben, die wiederum maximal 25 % meines wöchentlichen Zeitinvestments ausmachen dürfen. Im Moment sind diese drei Projekte die folgenden: Marketing-Aktionen für Q1 und Q2 2019 planen, ein paar neue Einrichtungsgegenstände für meine Wohnung besorgen und mich zum Thema Willensstärke fortzubilden.

Die 15 % meines wöchentlichen Zeitinvestments, die jetzt noch übrig bleiben, werden in maximal fünf kleine Projekte gesteckt. Hier habe ich im Moment sogar nur drei besetzt, nämlich einen neuen Fitness-Trainingsplan erstellen, Weihnachtsgeschenke besorgen (ich versuche heuer das tatsächlich schon Ende Oktober und nicht erst am 22.12. zu tun) und dann sind da noch ein paar

Kleinigkeiten für meine Tätigkeit als Sportmentaltrainer zu erledigen.

Und nun kommt eine ganz wichtige Regel ins Spiel:

Ich darf erst ein neues Projekt auf einen Platz in der Liste geben, wenn ein anderes abgeschlossen worden ist.

Ich darf also das nächste große Projekt erst dann beginnen, wenn die Arbeiten an diesem Buch hier beendet sind. Ich darf das nächste mittlere Projekt erst dann beginnen, wenn da ein Platz frei geworden ist und ebenso bei den kleineren Projekten.

So schütze ich mich davor, zu viele offene Baustellen zu haben und damit auch vor Störgedanken, die zu diesen offenen Projekten hervorgerufen werden. In den Bonus-Tools zu diesem Buch habe ich dir einen spannenden Artikel zu diesem Thema verlinkt.

Der zweite Lösungsweg neben dem, die offenen Baustellen zu reduzieren, ist, die Gedanken bezüglich anderer Aufgaben als jener, an der du gerade arbeitest, aus dem Kopf zu bekommen, indem du sie dir notierst. Ich mache eigentlich fast alles digital und so papierlos wie möglich, aber genau aus diesem Grund liegt immer ein Block auf meinem Schreibtisch.

Auf diesem Block notiere ich mir alle Gedanken, die mir zu einem anderen Projekt oder einer anderen Aufgabe einfallen. Damit habe ich sie aus dem Kopf und weiß gleichzeitig, dass ich sie nicht vergessen kann, weil ich sie notiert habe.

Besonders wichtig ist es, den Wunsch zu unterdrücken, schnell mal zum anderen Projekt überzugehen und das, was dir da eingefallen ist, zu erledigen. Damit springst du den ganzen Tag vollkommen unmotiviert von einem Projekt zum anderen, ohne Plan und ohne Ziel. Das gilt es unbedingt zu vermeiden.

Nochmals kurz zusammengefasst: Versuche, deine offenen Baustellen zu minimieren und Einfälle oder Gedanken zu anderen Projekten zu notieren.

3. NEUE IDEEN UND EINFÄLLE, DIE DU UNBEDINGT UMSETZEN WILLST

Du arbeitest gerade an einer Aufgabe und plötzlich hast du einen tollen Einfall, der unglaublich spannend ist und der sich lohnt, sofort umgesetzt zu werden. Mein Tipp auch hier: Unterdrücke diesen Impuls.

Einfälle dieser Art kommen vorerst mal auf den Block und von dort dann weiter zu Evernote in mein „Ideen & Inspirationen"-Notizbuch. Und dort wird dieser Einfall in der Regel auch zumindest 14 Tage liegen.

Warum 14 Tage liegen lassen? Ich weiß ja nicht, wie es dir da geht, aber ich habe für mich festgestellt, dass es vielfach genau solche Aufgaben und Projekte sind, die ich blitzartig anfange, an denen ich recht schnell wieder die Lust verliere. Daher habe ich es mir zur Regel gemacht, meine Ideen zumindest 14 Tage reifen zu lassen.

Ist dieses Buchprojekt hier abgeschlossen, öffne ich mein „Ideen & Inspirationen"-Notizbuch und lasse alle Ideen, die da drin auf Realisierung warten, gegeneinander antreten. Die Idee, die mich am meisten anspricht, setze ich als Nächstes um. Seit ich meine neuen Projekte auf diese Art auswähle, kommt es de facto auch nicht mehr vor, dass ich die Lust daran verliere.

Vielleicht klingt diese Methode ja auch für dich spannend.

4. SONSTIGE EINFÄLLE, DIE IN KEINE DER KATEGORIEN PASSEN

Ja, und dann gibt es da natürlich noch die merkwürdigsten Dinge, die uns während der Arbeit in den Kopf schießen. Auch hier würde ich dir vorschlagen, diese zunächst einmal auf einem Blatt Papier zu notieren und erst bei der Abarbeitung aller Punkte, die du auf dieses Blatt Papier geschrieben hast, zu entscheiden, ob du den Gedanken weiterverfolgen oder verwerfen willst.

DEINE TO-DO-LISTE IST DER ROTE FADEN DURCH DEN TAG

Ich habe dir nun einige Lösungsvorschläge präsentiert, wie du mit all diesen Einfällen, Ideen und Gedanken, die dir während des Tages immer wieder in den Kopf schießen, umgehen kannst. Wichtig ist auf alle Fälle, dass du dich durch diese Gedanken nicht fremdbestimmen lässt. Deine To-do-Liste wird dir dabei helfen. Halte dich einfach an die Reihenfolge, die du im Vorfeld festgelegt hast, und arbeite Punkt für Punkt auf dieser Liste ab.

Einer der Punkte auf dieser Liste kann dann natürlich auch der Punkt „Einfälle verarbeiten" sein. Ich habe es mir zur Angewohnheit gemacht, all diese Punkte, die ich da auf meinem Block notiert habe, vor der Mittagspause und dann nochmals vor Feierabend abzuarbeiten. Entweder ist ein Punkt darauf so wichtig, dass er heute noch abgearbeitet wird, oder er bekommt einen anderen Tag auf meiner To-do-Liste zugeordnet.

Eine weitere Möglichkeit ist, dass er einen Platz im „Ideen & Inspirationen"-Notizbuch findet. Es gibt aber auch viele Punkte, die ich einfach wieder verwerfe.

Mit welcher Strategie auch immer du diese Gedanken verarbeiten und umsetzen willst, achte auf alle Fälle darauf, dass sie nicht über dich bestimmen, sondern du über sie.

INTERNE ABLENKUNGEN DURCH EIGENSABOTAGE

MULTITASKING

Die beste Art, dich selbst zu sabotieren, heißt „Multitasking". Obwohl es schon hunderte wissenschaftliche Studien zu dem Thema gibt, glauben noch immer viele Menschen daran, mit Multitasking ihre Aufgaben schneller und effizienter zu erledigen. Sorry, wenn ich diesen Traum zerstören muss, aber genau das Gegenteil ist der Fall. Du bist mit Multitasking wesentlich langsamer, als wenn du eine Aufgabe nach der anderen abarbeitest.

Genau aus diesem Grund ist es auch alles andere als sinnvoll, bei jedem Einfall zu einer anderen Aufgabe deine momentane Tätigkeit zu beenden und dich dieser Idee anzunehmen.

Multitasking funktioniert nur, wenn du zwei sehr einfache Aufgaben miteinander kombinierst. So kannst du zum Beispiel telefonieren oder einen Podcast hören, während du deinen Schreibtisch aufräumst, kochst oder bügelst. Sobald die beiden

Aufgaben etwas anspruchsvoller werden, wie zum Beispiel gleichzeitig zu sprechen und etwas zu lesen, versagen wir schon kläglich.

Aber nicht nur, dass du mit Multitasking länger brauchst, als wenn du deine Aufgaben seriell abarbeitest, du bist auch noch wesentlich fehleranfälliger. Mit anderen Worten: Wenn du wirklich effizient, effektiv und produktiv, vor allem aber hochkonzentriert und hochfokussiert arbeiten willst, dann solltest du auf alle Fälle auf Multitasking verzichten!

Multitasking ist aber bei Weitem nicht die einzige Eigensabotage, die wir betreiben, es gibt noch einige weitere.

EAT THE FROG

Die „Eat the frog"-Strategie stammt von Brian Tracy und besagt: „Erledige die unangenehmste Aufgabe als erste des Tages". Der Grund dafür ist recht einfach: Tust du das nicht, wirst du diese Aufgabe wie einen Hinkelstein den ganzen Tag mental mitschleppen und so nie in einen hochfokussierten Arbeitsbereich kommen. Das ist schade und auch nicht notwendig.

Ich habe mir daher angewöhnt, die unangenehmste und/oder schwierigste Aufgabe gleich als erste am Tag zu erledigen. Das hat für mich gleich zwei Vorteile:

1. Ich habe diese Aufgabe aus dem Kopf und kann mich nun mit voller Konzentration den weiteren Aufgaben widmen.
2. Diese unangenehme Aufgabe erledigt zu haben, gibt mir einen unglaublichen Motivationsschub. Ich habe

das Schwierigste hinter mir, alles, was jetzt kommt, ist angenehmer und einfacher.

Ich nutze diese „Eat the frog"-Strategie nicht nur in der Tagesplanung, sondern auch auf der Mikroebene. Wenn ich ins Fitnesscenter trainieren gehe, dann starte ich immer mit den Übungen, die ich am wenigsten mag, und gegen Ende kommen meine Lieblingsübungen dran.

Bei Projekten und Aufgaben erledige ich, sofern möglich, immer die Aufgaben als Erstes, die mir am wenigsten Spaß bereiten. Du siehst also, das Einsatzgebiet von „Eat the frog" ist sehr umfangreich.

MANGELNDE PLANUNG

Wir haben ja in den vorangegangenen Abschnitten dieses Buches immer wieder von der To-do-Liste und dem roten Faden, der sich durch deinen Tag ziehen sollte, gesprochen.

Nur wer seinen Tag plant, ist selbstbestimmt, wer das nicht tut, lässt sich von seinen Gedanken und Einfällen bestimmten. Oder von seinen E-Mails, denn wenn es die erste Tätigkeit ist, den E-Mail-Posteingang zu öffnen, dann ist man schon wieder mitten in der Fremdbestimmung.

Ja, natürlich, es ist mir vollkommen klar, dass das in einigen Berufen wirklich nötig ist und sich nicht vermeiden lässt. Aber mit Ausnahme des Kundenservice- und Support-Bereichs gibt es nur sehr wenige Berufe, bei denen das wirklich sein muss.

Ein sehr schönes Beispiel zum Thema „Wichtigkeit von E-Mails" habe ich von Beat Bühlmann, dem Europa-Manager von Evernote gehört. Er stellte dem Publikum im Rahmen unserer gemeinsamen Roadshow die folgende Frage: „Wenn es bei Ihnen zu Hause brennt, rufen Sie dann die Feuerwehr an oder schreiben Sie eine E-Mail?"

Die Antwort war natürlich vollkommen klar, niemand im Saal kam auf die Idee, der Feuerwehr eine E-Mail zu schreiben. Was sagt uns das? E-Mails können maximal dringend sein, aber nie wichtig. Wenn etwas wirklich wichtig und gleichzeitig dringend ist, wird die betreffende Person anrufen.

In Bezug auf unsere Planung heißt das: Kümmere dich zuerst um die wichtigen Dinge und dann erst um die dringenden. Hört sich relativ einfach an, es ist aber das genaue Gegenteil. Ein guter Beginn ist aber schon mit dem Thema E-Mail gemacht. Ich öffne meinen E-Mail-Posteingang in der Regel das erste Mal vor meiner Mittagspause. Probleme hatte ich deswegen noch nie.

In deiner Planung solltest du natürlich auch, wie schon besprochen, deinen Biorhythmus beachten. Zu welcher Zeit bin ich am fokussiertesten und am konzentriertesten? Zu genau diesen Zeiten solltest du dir unbedingt die schwierigsten und anspruchsvollsten Aufgaben vornehmen.

Sabotiere deinen Fokus also nicht durch mangelnde Planung, im Gegenteil – nimm dir ausreichend Zeit dafür. Je besser du deinen Tag planst, desto mehr Aufgaben wirst du erledigen.

STÖRQUELLEN

Natürlich können auch Störquellen an deinem Arbeitsplatz deinen Fokus und deine Konzentration massiv beeinflussen. Ich bin immer wieder überrascht, in wie vielen Büros das Radio nebenbei läuft. Dieser Nebenbeikonsum sorgt mit Sicherheit dafür, dass dein Fokuslevel nie in einen sehr hohen Bereich vordringen wird. Auch wenn du es aktiv gar nicht so wirklich wahrnimmst, dein Unterbewusstsein reagiert sehr wohl auf die Stimmen, die Nachrichten, die Werbung und die unterschiedlichen Musikrichtungen.

Wenn du schon Musik bei der Arbeit hören musst, dann nutze entweder Focus@Will (werde ich im Kapitel *Tool-Tipps* noch näher beschreiben) oder eine Konzentrations-Playlist von Spotify.

Egal um welche Art von Störquellen es sich handelt, versuche alle so gut es nur irgendwie geht auszuschalten. Dein Fokus und deine Konzentration werden sich dadurch merklich verbessern!

ÜBERLASTUNG

Zu viele Aufgaben und Projekte bedeuten zugleich meist auch mentale Überforderung. Dass das zum Problem werden kann, haben wir ja schon vor ein paar Seiten bei den offenen Enden und den unfertigen Baustellen besprochen. Aber wer ist dafür verantwortlich, dass du überfordert mit deinen Aufgaben bist?

Bist du es selbst, habe ich dir ja schon eine Lösungsstrategie aufgezeigt. Aber was, wenn du einen Vorgesetzten hast, der dich einfach mit Aufgaben zuschüttet und keinerlei Rücksicht darauf nimmt, ob du damit fertig werden kannst oder nicht?

Nun, meine Antwort dazu wird dich im ersten Moment vielleicht nicht befriedigen, aber nimm dir ein paar Minuten lang Zeit und denke darüber nach.

Die Antwort lautet: Du solltest ganz dringend Nein sagen lernen!

Ja, ich weiß, das ist einfacher gesagt als getan. Ich habe jahrelang zu allem Ja, Ja und Ja gesagt. Bis es mir irgendwann gereicht hat und ich mein Mindset dazu komplett geändert habe. Und genau das rate ich dir auch.

Warum sagen wir denn eigentlich viel zu oft Ja, obwohl wir eigentlich Nein meinen? Nun, das kann viele Gründe haben, die Liste hier hat also keinerlei Anspruch auf Vollständigkeit:

- Weil wir uns keine Karrierechance verbauen wollen.
- Weil wir nicht als Egoist dastehen wollen.
- Weil wir das Gegenüber nicht vor den Kopf stoßen wollen.
- Weil wir selbst dann ein schlechtes Gewissen haben.
- Weil derjenige uns dann vielleicht auch keinen Gefallen mehr tut.
- Und viele weitere Gründe.

Du siehst also, es gibt genügend Gründe, warum wir das tun, und oft sind sie ja auch durchaus berechtigt. Klar wirst du geringere Karrierechancen in deiner Firma haben, wenn du öfters Nein sagst als der Kollege ein Büro weiter. Aber die Frage, die sich hier stellt, ist eine andere und lautet:

Ist es dir deine Karriere wert, deine Gesundheit für sie zu opfern?

Ja, es ist genau so und nicht anders. Alles andere ist Schönreden. Und genau das ist auch der Mindshift, den ich eines Tages gemacht habe. Seit diesem Tag stehe ich an erster Stelle und nein, ich finde das kein bisschen egoistisch. Ganz im Gegenteil!

Nur wenn es mir gut geht, kann ich meinem „inner circle", also den Personen, die mir besonders nahestehen, helfen. Geht es mir nicht gut, schlittere ich im schlimmsten Fall in ein Burnout oder in eine andere psychische Erkrankung – und dann passiert genau das Gegenteil: Die Menschen in meinem Umfeld müssen mir helfen und ich werde zur Belastung für sie.

Ich weiß nicht, ob du das anders siehst, und falls ja, ist das auch vollkommen okay so. Aber genau das ist mein Ansatz und deswegen sage ich sehr oft Nein. Viel öfter, als ich Ja sage. Und weißt du was, ich lebe super damit. Klar, ich könnte vielleicht das Doppelte oder das Dreifache an Geld verdienen, keine Frage, aber auch dazu habe ich eine klare Ansage:

Meine Freizeit und mein Wohlbefinden sind unbezahlbar!

Selbst wenn ich das Hundert- oder das Tausendfache verdienen würde, würde sich daran also nichts ändern.

Bleibt nur noch die Frage, wie man lernt, Nein statt Ja zu sagen. Die Antwort würde ein eigenes Buch füllen und hier die Grenzen sprengen. Für alle Mitglieder meiner Membership-Plattform (http://selbstmanagement.rocks) gibt es den Kurs „NEIN sagen lernen", in dem ich eine Strategie vermittle, wie du es dir aneignest, Nein zu sagen. Und zwar ohne schlechtes Gewissen und Schuldgefühle, aber auch ohne dein Gegenüber vor den Kopf zu stoßen.

Allen, die noch nicht Selbstmanagement.rocks-Mitglied sind, empfehle ich zu diesem Thema das Buch „NEIN: Was vier mutige Buchstaben im Leben bewirken können" von Anja Förster und Peter Kreuz (https://amzn.to/2OGBBSs; den Link findest du auch in den Bonus-Tools zum Buch).

Kurzfristig mal überlastet zu sein, wird niemand so wirklich vermeiden können, aber das ist auch nicht das Problem. Die große Herausforderung ist es, langfristige Überforderungen zu vermeiden, und das funktioniert am besten, wenn man genau weiß, wann man Nein sagen muss.

EXTERNE STÖRUNGEN

Nachdem wir alle Ablenkungen, die von uns selbst ausgehen, besprochen haben, sehen wir uns nun die Störungen an, die von außen kommen. Unterscheiden möchte ich hier zwischen technischen Störungen, also allen Ablenkungen, die durch ein technisches Gerät verursacht werden, und menschlichen Störungen, was alle Ablenkungen betrifft, die durch andere Personen entstehen.

TECHNISCHE STÖRUNGEN

Gemeint sind hier vorrangig Telefon, Smartphone, Tablet und Computer. Wir haben in den letzten Jahren und Jahrzehnten eine unglaubliche technische Revolution erlebt. Auf der einen Seite natürlich eine wunderbare Sache, weil uns dadurch viel erleichtert wird, auf der anderen Seite aber auch eine Qual, weil wir uns zu sehr abhängig davon machen.

Wer mich näher kennt, der weiß, dass ich technische Gadgets aller Art liebe und auf diesem Sektor sehr viel ausprobiere. Ich bin also ein großer Befürworter des technischen Fortschritts und vermutlich einer der wenigen, die sich auf die digitale Revolution, die da auf uns zurollt, freuen.

ABER: Je mehr Technik man in sein Leben integriert, umso achtsamer muss man sein, dass einen diese Technik noch unterstützt und nicht vielmehr stört und ablenkt. Auch ich musste lernen, dass viele Dinge einfach nicht sinnvoll sind, weil die Ablenkungen einfach viel zu groß sind.

Der größte Horror in Bezug auf unseren Fokus und unsere Konzentration sind Push-Benachrichtigungen. Also alles, was einfach so, ohne dass wir es aktiv abrufen, an uns gesendet wird. Ein paar Beispiele gefällig?

- Anrufe
- SMS
- WhatsApp
- E-Mails
- Benachrichtigungen aus den sozialen Medien
- News-Alerts
- Terminerinnerungen
- Updates
- und vieles mehr

Und es ist auch vollkommen egal, ob diese Signale auditiv, visuell oder haptisch kommen. Störung ist Störung, egal auf welchem Wege wir sie erfahren.

Ich habe aus reiner Neugierde mal getestet, was passiert, wenn ich allen Apps, Tools und Programmen erlaube, mir Push-Benachrichtigungen zu senden. Die traurige Antwort war: Im

Schnitt wurde ich alle 112 Sekunden gestört und habe das Experiment nach zwei Stunden entnervt beendet.

In diesem Zusammenhang will ich dir nochmals in Erinnerung rufen, dass wir Menschen ca. 20 Minuten brauchen, um das gleiche Fokuslevel zu erreichen wie vor einer Störung oder Ablenkung. Wenn ich nun aber im Abstand von knapp zwei Minuten immer und immer wieder gestört werde, erreiche ich dieses Level nie. Den ganzen lieben langen Arbeitstag nicht.

Daher lautet die erste und wichtigste Regel in diesem Zusammenhang:

Schalte dein Smartphone so oft es nur irgendwie geht in den Flugmodus und deinen Computer in den „Nicht stören"-Modus. Vor allem dann, wenn du intensiv und damit auch hochkonzentriert arbeiten willst.

Nun höre ich sie schon, die Stimme der Kritiker, die sagt: „Ja, schön und gut, Thomas, aber ich kann mir doch nicht erlauben, mein Smartphone einfach so in den Flugmodus zu schalten. Es könnte mich ja mein Chef oder ein wichtiger Kunde erreichen wollen. Und wenn ich dann nicht abhebe, ist das doch schlimm."

Ist es das wirklich? Ich meine, es ist schon klar, dass du dein Smartphone nicht den ganzen Tag im Flugmodus haben kannst, vor allem wenn du in deinem Job sehr fremdbestimmt bist. Aber ich bin mir sicher, du kannst mit deinem Chef zwei Stunden pro Tag vereinbaren, in denen das Smartphone ausgeschaltet ist, wenn du in diesen zwei Stunden hochfokussiert an einem wichtigen Projekt arbeitest.

Es ist nicht der Chef und auch nicht der Kunde oder sonst

irgendwer das Problem. In vielen Seminaren und Trainings habe ich festgestellt, dass es ein ganz anderer Grund ist, warum die meisten ihr Smartphone nicht in den Flugmodus schalten wollen. Und dieser Grund lautet: FOMO!

Ja, richtig gelesen: FOMO! FOMO kommt aus dem Englischen und heißt „fear of missing out", zu deutsch „Angst, etwas zu verpassen". Nicht immer, aber in der Regel ist es eher FOMO als die Furcht, der Kunde oder Chef könnte sauer sein, wenn er mich nicht gleich erreicht.

Gut, also nochmals zur Wiederholung, erste wichtige Regel im Umgang mit technischen Störungen:

Stelle alle Push-Benachrichtigungen aus und schalte dein Smartphone in den Flugmodus. Zumindest dann, wenn du versuchst, hochkonzentriert zu arbeiten.

Nun hätten wir die Zeit, in der du hochkonzentriert an einer wichtigen Aufgabe arbeitest, mal von den technischen Störungen befreit. Dabei solltest du es aber nicht belassen. Du solltest dir generell sehr genau ansehen, von welchen Apps oder Programmen du mittels Push-Benachrichtigung informiert werden willst und von welchen nicht.

Ist es wirklich wichtig, dass du über jeden Eingang einer E-Mail realtime benachrichtigt wirst? In einigen Berufen möglicherweise, in den meisten aber mit Sicherheit nicht. Ist es wirklich wichtig, dass du deine WhatsApps sofort zugestellt bekommst, oder reicht es nicht, wenn du auch hier nur ein paar Mal täglich reinsiehst?

Das sind Fragen, die du dir stellen solltest und die wirklich wichtig sind. Ich für meinen Teil habe alle Push-Benachrichtigungen ausgeschaltet, mit Ausnahme von Telefon, SMS, WhatsApp und Slack. Slack, falls du es nicht kennst, ist ein Team-Kommunikations-Tool, in dem alle beruflichen Dinge besprochen werden können. Am Computer sind sowieso alle Push-Benachrichtigungen ausgeschaltet, mit Ausnahme von Kalender-Erinnerungen.

Da ich Apple-Nutzer bin, steht mir auf allen Geräten der „Nicht stören"-Modus zur Verfügung. Dieser Modus ist auf alle Fälle in den ersten 2,5 Arbeitsstunden des Tages aktiviert, da arbeite ich nämlich an den wichtigen Aufgaben, für die ich einen hohen Fokuslevel benötige. Nach dieser Zeit schalte ich den „Nicht stören"-Modus je nach Aufgabe und Konzentrationsanforderung an und ab.

Ich habe es mir zur Gewohnheit gemacht, damit zu arbeiten, und es war ein echter Game-Changer. Ich seit dieser Änderung viel mehr weitergebracht als je zuvor. Weil ich ungestört und ohne Ablenkungen an meinen Projekten, wie im Moment diesem Buch hier, arbeiten kann.

Daher nochmal meine Empfehlung: Überlege genau, welche App oder Programm dich generell mittels Push-Benachrichtigung erreichen kann und welche nicht. Je mehr Programmen du eine Push-Benachrichtigung erlaubst, umso kürzer sind die Intervalle, in denen du Störungen und Ablenkungen ausgesetzt bist.

Um nochmals kurz auf die FOMO-Problematik zu sprechen zu kommen: Habe ich in der Zeit, in der ich offline war, wichtige Anrufe oder Informationen versäumt? Ja, klar, einige! Sogar einmal den Anruf eines CEO eines großen Unternehmens.

War es jemals ein Problem, dass ich nicht erreichbar war? Nein, gar nicht! Ich habe weder ein Geschäft verpasst, noch wurde es jemals als negativ wahrgenommen.

Ich weiß sehr wohl, dass nicht jeder so denken kann, vor allem wenn man sehr fremdbestimmt ist, aber ich habe für mich entschlossen, mich weder zu der Geißel der E-Mails noch von sonst irgendeinem Kommunikationstool machen zu lassen. Ich bestimme, wann ich kommunizieren will, und nicht mein Gegenüber. Mag zwar vielleicht wieder ein wenig egoistisch klingen, aber ich lebe nicht nur super damit, sondern bin auch produktiver als je zuvor.

Ich lade dich jetzt einfach zu einem Experiment ein: Geh doch mal eine Stunde pro Tag in den Flugmodus und schalte den größten Teil deiner Push-Benachrichtigungen ab. Und das für mindestens eine Woche! Ich bin mir sicher, dass bei den meisten Leserinnen und Lesern niemand in ihrem beruflichen Umfeld diese Änderung bemerkt.

Falls du Sorgen hast, du könntest mit deinem Chef Probleme bekommen, dann sprich das doch vorher mit ihm ab und erkläre ihm die Vorteile der Aktion. Oder noch besser, schenke ihm einfach dieses Buch hier. ;)

Trau dich, du wirst sehen: Es wird sich extrem bezahlt machen.

MENSCHLICHE STÖRUNGEN

Nun gibt es da natürlich nicht nur technische Störungen – ab und zu steht da tatsächlich auch noch ein Mensch in der Tür. Und das ist auch gut so. Nichtsdestotrotz solltest du auch den persönlichen Kommunikationsweg zu dir reglementieren.

CLOSED DOOR POLICY – DIE POLITIK DER GESCHLOSSENEN BÜROTÜR

Die Regel, die deine Mitarbeiter und Kollegen befolgen sollen, ist relativ einfach: Ist meine Bürotür offen, bist du herzlich eingeladen, hereinzukommen und mir deine Fragen oder Anliegen vorzutragen. Ist meine Bürotür aber geschlossen, so sind Störungen nur erlaubt, wenn es sich um einen Notfall handelt.

Diese Lösung ist natürlich größtenteils für Vorgesetzte wichtig. Keine Sorge, ich habe auch eine Lösung, wenn du keine Führungskraft bist.

Lass uns aber zunächst noch bei den Vorteilen bleiben, denn die liegen auf beiden Seiten. Einerseits natürlich bei demjenigen, der die Bürotür geschlossen hat, denn es gibt dann nur Störungen im Notfall. Andererseits aber auch bei den Mitarbeitern und Kollegen, denn die sehen die offene Bürotür und wissen, dass sie in dem Moment nicht nur nicht stören, sondern es sogar erwünscht ist, dass sie nun mit ihren Fragen und Anliegen kommen. Es ist also eine Win-win-Situation.

Es gibt allerdings eine ganz wichtige Regel, die du beachten musst, wenn du die Politik der geschlossenen Bürotür einführst: Lass auf keinen Fall Ausnahmen zu!

Wenn die Tür geschlossen ist und einer deiner Mitarbeiter kommt mit einem Anliegen, bei dem es sich um keinen Notfall handelt, wirf ihn raus. Ohne Ausnahme und auch wenn die Beantwortung der Frage nur zehn Sekunden dauern würde. Wenn du das tust, wirst du nach spätestens einer Woche bei geschlossener Bürotür nicht mehr gestört werden.

Was aber, wenn du keine Führungskraft bist und vor allem wenn du kein eigenes Büro hast? Auch das ist kein Problem, es kann sogar ein Vorteil sein.

Nehmen wir zunächst mal an, du teilst dir dein Büro mit einer zweiten oder dritten Person. Wunderbar, umso besser. Teilt euch die Zeiten, zu denen ihr nicht gestört werden wollt, einfach auf. Von 08:00 bis 10:00 Uhr Kollege 1 und von 10:00 bis 12:00 Uhr Kollege 2. In den ersten beiden Stunden wird das Telefon auf Kollege 2 umgeleitet und dieser fängt auch alle menschlichen Störungen ab und die folgenden beiden Stunden ist es genau umgekehrt. Funktioniert wunderbar!

Wenn du in einem Großraumbüro sitzt, ist es bedeutend schwieriger, aber auch nicht unmöglich. Anstatt der Politik der geschlossenen Bürotür kannst du einfach ein „Nicht stören"-Schild an deine Bürolampe oder deinen Computerbildschirm hängen. Du kannst ja beim nächsten Hotelaufenthalt einfach mal fragen, ob du so ein „Do not disturb"-Türschild mitnehmen darfst, oder du bastelst dir selbst eins. Hängt es, lass keine Ablenkung zu, auch wenn die Störung nur zehn Sekunden dauern würde.

Hänge aber jetzt bitte nicht einfach von heute auf morgen so ein Schild an deinen Computer und setze auch nicht von heute auf morgen die Politik der geschlossenen Bürotür um. Bevor du damit startest, frage bei deinen Vorgesetzten um Erlaubnis und informiere deine Kollegen über die Gründe, warum du das machen willst. Wenn dir Skepsis und Unverständnis entgegenwehen, vereinbare einfach einen Testzeitraum, damit sich dein Chef überzeugen kann, dass sich das sehr positiv auf deine Produktivität auswirkt.

An alle Führungskräfte kann ich hier nur eine ganz wichtige

Empfehlung geben: Erlaube deinen Mitarbeitern nicht nur einen gewissen Zeitraum, in dem sie vollkommen ablenkungsfrei arbeiten können, ermutige sie sogar dazu. Auch hier kannst du gerne einfach einen Testzeitraum ansetzen, aber du wirst sehr schnell merken, wie die Produktivität in deinem Unternehmen oder deinem Team explodieren wird.

WECHSLE DEN ORT

Mir ist durchaus klar, dass es Fälle gibt, in denen es einfach nicht möglich ist, die Politik der geschlossenen Bürotür einzuführen, aus welchen Gründen auch immer. Falls das bei dir so ist, solltest du dir über einen Ortswechsel Gedanken machen.

Anstatt im Büro zu arbeiten, kannst du zum Beispiel in einem nahegelegenen Café jene Aufgaben erledigen, für die du ein hohes Konzentrationslevel und damit störungsfreie Zeit benötigst. Teile dieses Buchs sind zum Beispiel in der österreichischen Nationalbibliothek in Wien entstanden.

In meinem Fall zwar weniger aus dem Motiv heraus, nicht gestört zu werden, sondern weil ich dort einfach inspirierter schreiben kann. Aus welchem Grund auch immer, eine Bibliothek ist ein hervorragender Ort, um fokussiert und konzentriert zu arbeiten. Um dich herum lauter Menschen, die ebenfalls arbeiten, und es ist trotzdem mucksmäuschenstill.

Nicht umsonst gibt es im Silicon Valley in vielen Firmen mittlerweile Büroräume, in denen man, wie in einer Bibliothek, störungsfrei arbeiten kann. Diese Räume werden sogar von jeglichem Mobilfunk- und WLAN-Empfang abgeschottet. Ich bin mir sehr sicher, dass dieser Trend auch sehr bald im deutschsprachigen Raum landen wird und das aus einem einzigen Grund: Die Produktivität der Mitarbeiter explodiert!

FAZIT

Ich hoffe, ich konnte hier ein paar Vorschläge vorstellen, die auch auf dich und deinen Arbeitsbereich passen. Mir ist durchaus bewusst, dass es Jobs gibt, in denen es nicht so einfach ist, diese Tipps umzusetzen. Versuche es trotzdem!

Versteh mich bitte nicht falsch, ich will nicht, dass du dich den ganzen Tag lang versteckst oder untertauchst und nicht erreichbar bist. Mir geht es einfach um ein bis drei Arbeitsstunden pro Tag, an denen du störungsfrei und damit hochkonzentriert an deinen Projekten und Aufgaben arbeiten kannst.

KAPITEL 5
TOOL-TIPPS

Die Technik ist nicht nur Fluch, sondern auch Segen! Mittlerweile haben einige Anbieter erkannt, dass es durchaus sinnvoll sein kann, Tools, Apps und Programme auf den Markt zu bringen, die die Anwender dabei unterstützen, ihren Fokus und ihre Konzentration zu steigern. Damit einher geht natürlich ein unheimlicher Anstieg der Produktivität.

Ich bin mir sehr sicher, dass wir erst am Beginn dieser Entwicklung stehen und Anbieter in diesem Bereich aufrüsten werden. Bestes Beispiel ist Apple und das iOS12-Update, das während der Arbeit an diesem Buch (Oktober 2018) herausgekommen ist. So kann man nun die Anwendungsdauer gewisser Apps begrenzen und genaue Angaben über die Zeit, die man am Smartphone verbringt, sehen. Ich bin mir sicher, dass das für viele Menschen ein erschreckender Moment sein wird.

Ich hoffe aber, dass das nur der Anfang ist und auf diesem Gebiet noch viel mehr kommt. Vielleicht sind wir ja, wenn du dieses Buch liest, schon um einiges weiter.

In diesem Kapitel will ich dir einige Programme vorstellen, die ich für sinnvoll und gut halte. Ich bin mir sicher, es gibt einige mehr, mit Sicherheit auch viele, die ich noch nicht kenne. Solltest du ein solches Programm oder Tool kennen, freue ich mich, wenn du mir ein paar Infos dazu zukommen lässt. Nutze dazu bitte einfach die Kontaktfunktion auf http://selbst-management.biz. Vielen Dank!

Noch ein wichtiger Hinweis für alle, die keine privaten Geräte nutzen:
Bevor du eines der Tools auf deinem Computer oder deinem Smartphone installierst, solltest du unbedingt bei deinem Arbeitgeber nachfragen, ob du diese Apps und Programme installieren darfst.

„NICHT STÖREN"-MODUS & FLUGMODUS

Den Flugmodus haben alle Smartphones als Funktion auf dem Gerät und die meisten auch einen „Nicht stören"-Modus. Nutze diese beiden Funktionen immer wieder, um dich gezielt vor technischen Störungen zu schützen.

IN THE MOMENT & QUALITY TIME APP

Diese beiden Apps helfen dir dabei, deine Aktivitäten am Smartphone näher kennenzulernen. „In the Moment" ist für alle iOS- und „Quality Time App" für alle Android-Nutzer.
Beide Apps tracken im Hintergrund mit, wie lang du dein

Smartphone pro Tag verwendest. Wenn du der Meinung bist, dass du dein Telefon zu lange nutzt, kannst du Limits eingeben und du wirst von der App informiert, wenn du dieses Limit überschreitest.

Alleine zu wissen, wie viel Zeit du am Smartphone verbringst, wird viele schockieren und zum Umdenken bewegen. Ein guter Freund von mir, dem ich die App empfohlen habe, dachte, dass er maximal 60 Minuten pro Tag am Smartphone war, es waren aber knapp drei Stunden! Wertvolle Zeit, die man mit Sicherheit anders investieren könnte.

Die „In the moment"-App hat noch einen weiteren Vorteil. Mit der Funktion „Moment Family" kannst du die Smartphone-Nutzung der gesamten Familie im Auge behalten und Zeiten einstellen, zu denen keiner Zugriff auf das Smartphone haben sollte (zum Beispiel beim gemeinsamen Abendessen). Eine Funktion, die besonders empfehlenswert ist, wenn man seinen Kindern einen sinnvollen Umgang mit dem Smartphone beibringen möchte.

Links:
https://inthemoment.io
http://www.qualitytimeapp.com

RESCUETIME

Was die beiden oben empfohlenen Programme für das Smartphone sind, das ist RescueTime für deinen Laptop oder Computer. Bevor ich mehr erzähle, hier noch eine kurze Warnung:

Wenn du dieses Programm installierst, muss dir bewusst sein, dass alles, was du tust, auf externen Servern gespeichert wird. Vor allem aus Datenschutzgründen würde ich mich hier sehr genau mit meinem Arbeitgeber besprechen.

Was das Programm tut, ist etwas Tolles, denn es analysiert deine Computerarbeitszeit und wirft dir am Ende des Tages einen „Productivity Score" aus. Anhand dieses Wertes kannst du sehen, ob du produktiv warst oder nicht.

Hast du beispielsweise mit Microsoft Word gearbeitet, nimmt das Programm an, dass du hochproduktiv warst. Bist du hingegen auf Amazon gesurft, nimmt das Programm an, dass du gar nicht produktiv warst. Du kannst diese Voreinstellungen natürlich auch ändern. So hatte ich an einem Tag einen ganz miesen Produktivitäts-Score.

Der Grund war einfach: Ich habe an diesem Tag drei Stunden Facebook-Werbeanzeigen für meine Produkte aufgesetzt und war da natürlich auf einer Seite der Domain facebook.com. Dass ich da aber produktiv gearbeitet habe, hat RescueTime nicht erkannt. Man kann das aber natürlich anpassen und erhält so immer genauere Werte.

Alleine, jeden Tag ein Ergebnis zu bekommen, ist eine spannende Sache, die deine Achtsamkeit bei der Bildschirmarbeit enorm erhöhen wird. Mittlerweile kannst du mit RescueTime auch schon gewisse Webseiten blocken, während du produktiv arbeitest.

Link:
https://www.rescuetime.com

FREEDOM

Freedom ist nichts anderes als ein App- und Webseiten-Blocker, den zum Zeitpunkt, an dem ich dieses Buch hier schreibe (Oktober 2018) 750.000 Menschen nutzen. Ziel ist es, Ablenkungen zu vermeiden und sich so auf die Erledigung der Aufgaben zu fokussieren.

Freedom kannst du sowohl für deinen Desktop-Computer oder Laptop verwenden als auch für dein Smartphone oder deinen Tablet-PC.

Das Geniale an diesem Programm ist, dass du selbst auswählen kannst, welche Apps oder Webseiten du sperren willst. Wenn du also jemand bist, der sich gerne von den sozialen Medien ablenken lässt, dann kannst du nur diese sperren, auf alle anderen Webseiten aber zugreifen.

Du kannst aber natürlich auch mit einem Klick alle Webseiten oder alle Apps sperren. Und du kannst auch gleich entscheiden, für welche Geräte das gelten soll – nur für deinen Computer oder auch gleich für dein Smartphone (natürlich musst du die App auf all diesen Geräten installiert haben).

Außerdem kannst du mit einem Klick einstellen, wie lange der Zeitraum sein soll, zu dem du keinen Zugriff auf die in Freedom hinterlegten Webseiten und Programme hast. Du kannst diesen Zeitraum auch im Vorfeld planen. Wenn du also zwischen 07:00 Uhr und 09:00 Uhr hoch fokussiert an deinen Aufgaben arbeiten willst, dann kannst du das mit Freedom vorausplanen.

Für die eher undisziplinierteren Mitmenschen hat sich Freedom den „Lock Mode" einfallen lassen. Aktivierst du diesen Mode, kannst du die Session weder bearbeiten noch beenden, bevor die Zeit, die du eingestellt hast, zu Ende ist.

Eine weitere spannende Funktion ist, dass du verschiedene Profile erstellen kannst. So kannst du zum Beispiel unterscheiden zwischen hochfokussiertem Arbeiten (da sind die meisten Apps gesperrt), zwischen fokussiertem Arbeiten (da sind nicht ganz so viele ausgeschlossen) und administrativen Arbeiten (da nur noch sehr wenige).

Alles in allem ein tolles Tool, das mir sehr dabei hilft, fokussiert und konzentriert zu arbeiten.

Tipp

Du kannst Freedom in einer Light-Version kostenlos testen. Wenn dir das Tool gefällt, trage dich in den Newsletter ein. Im Moment versenden die Macher des Tools an jedem Monatsende ein Angebot, mit dem du die Lifetime-Version um 50 % vergünstigt kaufen kannst (Stand: Oktober 2018).

Link:
https://freedom.to

FOCUS@WILL, BRAINFM, SPOTIFY

Focus@Will und BrainFM sind Tools, die eine speziell modulierte Musik anbieten, um dich fokussierter und konzentrierter arbeiten lassen. Wissenschaftler haben herausgefunden, dass diese speziell modulierte Musik dein Gehirn in eine Art „Flow-Zustand" versetzt und dich somit fokussierter, konzentrierter und produktiver macht.

Focus@Will nutze ich selbst und bin begeistert davon. Ich arbeite eigentlich gerne in absoluter Ruhe. Bei mir läuft also in der Regel keine Musik und schon gar kein Radio. Allerdings nutze ich Focus@Will genau dann, wenn meine Konzentration schwindet.

Würde ich jetzt beim Buchschreiben zum Beispiel merken, dass ich unkonzentriert werde, dann öffne ich sofort Focus@Will und ich bin binnen kürzester Zeit wieder fokussierter. Außerdem nutze ich es nach dem Mittagessen, denn da habe ich von meinem Biorhythmus her generell mein Tagestief.

Du kannst sowohl Focus@will wie auch BrainFM kostenlos testen und dich davon überzeugen lassen, dass es wirklich so wirkt, wie ich es dir hier beschreibe. Mitglieder von Selbstmanagement.rocks erhalten auf Focus@Will 30 % Rabatt, müssen sich dazu aber bereits für die Testphase über den speziellen Link im Memberbereich anmelden.

Beide Tools haben überschaubare Preise. Wenn ich sehe, wie sehr diese Anbieter meinen Fokus und meine Konzentration pushen, brauche ich über die paar Euro im Monat nicht wirklich nachzudenken.

Solltest du kein Geld investieren wollen und zufällig schon Spotify abonniert haben, rate ich dir dazu, dir dort eine der vielen Focus- oder Concentration-Playlists anzuhören. Diese Musik ist zwar im Gegensatz zu den beiden oberen Anbietern nicht speziell moduliert, hilft aber auch ganz gut.

Links:
    https://www.focusatwill.com
    https://brain.fm
    https://www.spotify.com

TIMEOUT FREE, WORKRAVE

Über das Pausenmanagement haben wir ja schon ausführlich gesprochen. Ich halte Pausen für einen extrem wichtigen Baustein, um über einen längeren Zeitraum fokussiert und konzentriert arbeiten zu können. Vor allem die beschriebenen Mikropausen halte ich für extrem wertvoll.

Nun bin ich eigentlich niemand, der Programme empfiehlt, die dich in deinem Arbeitsfluss unterbrechen. TimeOut free ist aber eines, dem ich es für den Zeitraum von vier bis sechs Wochen erlauben würde. Warum vier bis sechs Wochen? Ganz einfach, denn dann hast du diese Gewohnheit in deinen Arbeitsalltag integriert und brauchst das Programm nicht mehr.

Was macht TimeOut free?

Mit diesem Tool kannst du Intervalle programmieren, in denen du an deine Pausen erinnert wirst. So kannst du zum Beispiel einstellen, dass sich dein Bildschirm alle 20 Minuten für zehn Sekunden verdunkeln soll, um dich an deine Mikropausen zu erinnern. Oder der Bildschirm soll sich ein Mal pro Stunde für fünf Minuten verdunkeln, um dich an deine kurzen Pausen zu erinnern.

Selbstverständlich kannst du TimeOut free so einstellen, dass es bei der Nutzung gewisser Programme den Bildschirm nicht verdunkelt. So wäre es ja zum Beispiel unvorteilhaft, wenn sich dein Bildschirm für fünf Minuten verdunkelt, wenn du gerade in einem Skype-Call mit einem wichtigen Kunden bist.

TimeOut free ist für alle Apple-Nutzer und Workrave für alle Windows-Nutzer.

Links:
https://www.dejal.com/timeout
http://www.workrave.org

So weit eine kurze Übersicht der wichtigsten Tools für mehr Fokus und Konzentration. Wenn du diese Tools sinnvoll nutzt, dann bist du super gerüstet, um hochfokussiert und hochkonzentriert arbeiten zu können.

KAPITEL 6

DEINE PERSÖNLICHE FOKUSSTRATEGIE

Lass uns nun deine persönliche Fokusstrategie planen! Dazu gehen wir noch einmal kurz durch einige Kapitel, um alles unter einen Hut zu bekommen.

STARTEN WIR BEI DEN BASISMASSNAHMEN

Wie ich am Ende dieses Kapitels schon geschrieben habe, musst du dir für all diese Maßnahmen deinen eigenen Plan zurechtlegen. Mit allem auf einmal zu starten, ist der unmittelbare Weg dahin, nichts umzusetzen.

Falls du es also noch nicht getan hast, dann mache dir nun einen Plan, in welcher Reihenfolge (am besten nach dem persönlichen Mehrwert gereiht) du die einzelnen Maßnahmen umsetzen willst. Selbstverständlich musst du nicht alle Maßnahmen umsetzen. Es liegt ganz an dir, welche du für hilfreich und sinnvoll erachtest.

Spannend können in diesem Zusammenhang auch Monats-Challenges sein, die du dir selbst setzt. Also zum Beispiel:

- Jänner: Schlaf optimieren
- Februar: Ernährung verbessern
- März: Bewegung forcieren
- usw.

Im jeweiligen Monat spezifizierst du die Zielsetzung nochmal genauer. Also: Was willst du im Jänner alles an deinem Schlaf optimieren? Wie sehen die konkreten Maßnahmen aus?

Sollte dir die Umstellung binnen eines Monats nicht gelingen, dann kannst du ohne Weiteres einen weiteren Monat dranhängen. Sich neue Gewohnheiten anzutrainieren, kann vier bis acht Wochen in Anspruch nehmen. Wichtig ist, dass die einzelnen Maßnahmen fix in deinen Tagesablauf implementiert sind, bevor du zur nächsten Maßnahme weitergehst.

KAPITEL ABLENKUNGEN & STÖRUNGEN

Meine klare Empfehlung hier: Starte mit den internen Ablenkungen und gehe dann erst zu den externen über. Denn die beste Ruhe nützt dir nichts, wenn du dich dann selbst ununterbrochen ablenkst.

Lege dir eine Strategie zurecht, wie du mit Einfällen, Ideen und Gedanken zu anderen Dingen als der Aufgabe, an der du im Moment arbeitest, umgehen willst. Meine Strategie vom Block auf dem Schreibtisch, von meinem Umgang mit offenen Baustellen und von meinem „Ideen & Inspirationen"-Notizbuch habe ich dir schon erzählt.

Sobald du die richtige Strategie für deine internen Ablenkungen gefunden hast, mach dich an die externen Ablenkungen. Ich erzähle dir hier im Anschluss gleich noch meine Strategie. Bevor ich das tue aber noch ein besonders wichtiger Punkt:

FÜHRE GESPRÄCHE MIT DEN BETROFFENEN PERSONEN

Wenn du Dinge wie die Politik der geschlossenen Bürotür oder das „Nicht stören"-Schild oder einen der anderen Vorschläge einführst, dann tu das bitte auf keinen Fall von heute auf morgen.

Falls du einen oder mehrere Vorgesetzte hast, dann suche bitte zuallererst das Gespräch mit ihnen. Erkläre ihnen, was du vorhast, warum du es vorhast und bitte sie um Unterstützung. Wenn sie skeptisch reagieren, biete ihnen einen Testzeitraum an.

Ob mit oder ohne Testzeitraum: Informiere deine Vorgesetzten immer wieder, was du alles in deiner Fokuszeit weitergebracht hast. Kurze E-Mails oder Messages dazu reichen vollkommen aus. So wird auch in ihnen das Bewusstsein wachsen, wie wichtig diese Fokuszeit ist.

Nachdem du mit deinen Vorgesetzten gesprochen hast, solltest du deine Kollegen in Kenntnis setzen. Ob du das einzeln tust oder in einem Teammeeting bleibt vollkommen dir überlassen.

Wähle die Variante, mit der du dich wohler fühlst. Wenn du die richtigen Worte findest, wirst du nicht nur sehr schnell Unterstützer, sondern auch Nachahmer finden.

ACHTUNG SCHLEICHWERBUNG:

Du kannst natürlich auch dieses Buch hier weiterempfehlen oder verschenken. Dann passiert das alles vielleicht ganz von alleine. ;)

Der letzte Schritt wäre es, deine Kunden oder Klienten zu informieren. „Wäre" schreibe ich deshalb, weil du überlegen musst, ob das sinnvoll ist oder nicht. Einerseits ist es natürlich gut, wenn sie wissen, wann du erreichbar bist und wann nicht, andererseits kommt es sehr auf die Branche an, in der du arbeitest. Hier ist auf alle Fälle Fingerspitzengefühl gefragt.

Generell würde ich sowohl bei Vorgesetzten als auch bei Kollegen und Kunden sehr weiche Formulierungen wählen. Also nicht „Ich bin von – bis nicht erreichbar, weil ...", sondern eher „Sie würden mich sehr unterstützen, wenn Sie erst nach 10:00 Uhr anrufen würden, weil ...".

Bereite dich auf alle Fälle gut auf diese Gespräche vor, sei freundlich, aber trotzdem bestimmt. Wenn du schlagkräftige Argumente brauchst, blättere zurück zu Kapitel 2.

MEINE FOKUSSTRATEGIE

Kommen wir nun aber zu meiner Fokusstrategie. Ich erzähle dir die hier nicht, weil ich will, dass du sie 1:1 kopierst, sondern weil ich dir einfach zeigen will, wie so eine Strategie aussehen kann. Jeder Mensch tickt anders, insofern bleibt dir die Arbeit nicht erspart, dir deine eigene Strategie zurechtzulegen.

Meine sieht folgendermaßen aus:

- 5x pro Woche je 3 Stunden „Fokussiertes Arbeiten an Projekten und Aufgaben"
- 1 x pro Woche „Konzentriertes Rauszoomen"
- 5 Stunden pro Woche „Fokussiertes Lernen"
- 1 x pro Quartal „Konzentrierte Zukunftsplanung"

Lass mich auf die einzelnen Punkte im Detail eingehen.

FOKUSSIERTES ARBEITEN AN PROJEKTEN UND AUFGABEN

Im Prinzip ist das nichts anderes, als jeden Morgen zwischen 05:30 Uhr und 08:30 Uhr an meinen Projekten, Aufgaben und Verpflichtungen zu arbeiten. Natürlich arbeite ich da nicht an irgendwelchen Aufgaben, sondern an jenen, die mich meinen Zielen näherbringen. Also an den wirklich wichtigen Aufgaben.

Das tue ich, wie alle der folgenden Punkte ebenso, so ablenkungs- und störungsfrei wie möglich. Ich nutze das Tool Freedom, um alle Ablenkungen auszuschalten. Zusätzlich bin ich sowohl am MacBook wie auch am Smartphone im „Nicht stören"-Modus.

Da ich alleine im Home-Office arbeite, ist der einzige, der mich regelmäßig stört, mein Postler, der mir meine Pakete immer zwischen 07:20 und 07:40 Uhr zustellt. Den kann ich aber nur schwer bitten, später zu kommen, und den Zeitaufwand, mir die Pakete dann von der Post zu holen, will ich auch nicht wirklich investieren. Also was soll's, die eine Störung ist akzeptabel.

Im Anschluss versuche ich, den ganzen Vormittag über weiter konzentriert zu arbeiten – wenngleich ich mich vor Ablenkungen und Störungen nicht mehr ganz so streng schütze wie in den ersten Stunden des Tages.

Erst nach dem Mittagessen (zu diesem Zeitpunkt habe ich schon sechs bis sieben Stunden gearbeitet) schalte ich den „Nicht stören"-Modus am MacBook aus. Aber in der Regel folgen bei mir dann nur noch Meetings oder administrative Aufgaben. Insofern ist das auch okay so.

KONZENTRIERTES RAUSZOOMEN

Wenn du immer nur an deinen Projekten und Aufgaben arbeitest, dann wirst du irgendwann den Wald vor lauter Bäumen nicht mehr sehen. Daher nehme ich mir wöchentlich drei Stunden Zeit, um meinen Status zu analysieren und um zu überprüfen, ob ich noch auf dem richtigen Weg zum Ziel bin bzw. ob ich noch genügend Energie in meine Ziele investiere.

Dazu wechsle ich meistens in ein gemütliches Café, das macht mir mehr Spaß als in den eigenen vier Wänden. Dort gehe ich jedes einzelne meiner Projekte durch, sehe mir an, was ich in der vergangenen Woche gemacht habe, was gut lief und was weniger gut. Damit weiß ich genau, was ich in der kommenden Woche zu tun habe und wo ich Hebel ansetzen kann, um schneller oder besser voranzukommen.

Der Zeitaufwand ist ganz unterschiedlich. Manchmal bin ich nach einer halben Stunde fertig, manchmal sitze ich tatsächlich drei Stunden und tüftle an meinen Projekten herum. Um ehrlich zu sein, das ist keine Verpflichtung für mich, sondern macht mir auch jede Menge Spaß.

FOKUSSIERTES LERNEN

Wer am Ball bleiben will, der muss sich weiterbilden. Um das nicht zu vernachlässigen, sind fünf Stunden pro Woche dafür reserviert, Neues zu lernen. Natürlich auch hier wieder hochfokussiert, hochkonzentriert und ohne Ablenkungen.

In manchen Wochen können das fünf Stunden am Stück sein, in anderen wieder pro Tag eine Stunde. Das kommt ganz drauf an, was ich mir gerade beibringe.

Was, wie, wo und wann ich lerne, lege ich im Zuge meiner Wochenplanung fest, die bei mir immer samstagsvormittags stattfindet.

KONZENTRIERTE ZUKUNFTSPLANUNG

Einmal pro Quartal nehme ich mir die Zeit und befasse mich intensiv mit Fragen, die mich beschäftigen, und mit Projekten, die ich für die Zukunft plane. Aber natürlich auch mit spannenden Themen, die da zukünftig auf uns Menschen zukommen (im Moment steht hier das Thema Digitalisierung auf dem Programm).

Dazu verlasse ich in der Regel Wien und begebe mich in eine andere Umgebung. Im Winter meistens in eine Therme und im Sommer eher an einen See oder ans Meer. Das Smartphone und mein Laptop bleiben tagsüber auf dem Zimmer. Dabei habe ich nur meinen Kindle-Ebook-Reader, einen Block und einen Bleistift.

Es ist einfach nur herrlich, welche spannenden Ideen man hat, wenn man mal aus dem Alltag aussteigt. Ich kann es dir nur sehr empfehlen.

So weit also ein kurzer Einblick, wie ich meinen Tag, meine Woche und mein Jahr mit viel Fokus und Konzentration erarbeite.

DEINE FOKUSSTRATEGIE

Nun kennst du meine Strategie, aber wie soll denn nun deine aussehen? Ich kann dir nicht sagen, wie du es am besten anlegst, denn jeder Mensch ist anders. Ich kann dir nur sagen, worauf du achten musst.

FINDE EINEN ORT, AN DEM DU STÖRUNGSFREI ARBEITEN KANNST

Wenn es dein Büro ist, dann nutze das „Nicht stören"-Schild oder die Politik der geschlossenen Bürotür, um dich abzuschotten. Oder arbeite die ersten ein bis drei Stunden des Tages von zu Hause aus, wenn das möglich ist. Du kannst dir aber natürlich auch ein nettes Café oder eine Bibliothek in der Nähe suchen.

Du musst einfach schauen, was für dich und deinen Job realistisch und machbar ist. Gerne kannst du auch in kleinen Schritten beginnen und dann den Zeitraum nach und nach ausbauen.

SUCHE NACH EINEM SETTING, DAS DEINE KONZENTRATION
MÖGLICHST LANGE MÖGLICHST HOCH HÄLT

Wie soll dein Arbeitsbereich aussehen? Welche Maßnahmen kannst du setzen, um möglichst konzentriert und fokussiert arbeiten zu können? Stelle einen Maßnahmenkatalog zusammen und setze diesen Schritt für Schritt um.

ACHTE AUF DIE DINGE, DIE DICH AUS DER KONZENTRATION
BRINGEN, UND VERSUCHE SIE ZU ELIMINIEREN

Erstelle eine Not-to-do-Liste und sammle all jene Dinge, die deinen Fokus stören. Versuche eines nach dem anderen zu eliminieren. Mach dir dabei aber keinen Zeitdruck, sondern gehe Schritt für Schritt vor. Das kommt auch bei deinem Umfeld besser an. Wichtig ist nur, dass du einen (Zeit-)Plan hast.

ERWARTE NICHT VON HEUTE AUF MORGEN ERGEBNISSE.
WENN DU ES ERZWINGST, WIRD ES ERST RECHT NICHT
FUNKTIONIEREN. LASS ES GESCHEHEN UND IRGENDWANN
KLAPPT ES

Sich morgen früh vor deinen Computer zu setzen, mit den Fingern zu schnippen und die Konzentration ist da, funktioniert leider nicht, zumindest anfänglich. Fokus und Konzentration sind Muskeln, die du trainieren musst. Je länger und je besser du sie trainierst, desto schneller wirst du mit dem Finger schnippen können, um deine Konzentration hervorzurufen. Verzweifle also bitte nicht, wenn es nicht gleich klappt. Um wirklich hochkonzentriert arbeiten zu können, habe ich über zwei Monate gebraucht.

TRAINIERE REGELMÄSSIG

Denn nur so wirst du schnelle Ergebnisse erzielen. Heute mache ich mal Fokuszeit, morgen dafür nicht und übermorgen vielleicht? Sorry, aber so wird es nicht funktionieren. Beginne lieber mit einer Stunde oder 30 Minuten, aber setze es regelmäßig um. Von „heute mal ins Fitnesscenter trainieren gehen und dann die nächsten paar Tage weniger" – davon wachsen dir auch keine oder nur verhältnismäßig kleine Muskeln. Die tägliche Dosis ist das, was dich auf Dauer weiterbringt.

Wenn du dranbleibst, wirst du sehen, wie schnell sich deine Konzentration steigern wird und wie schnell du immer länger hochfokussiert arbeiten kannst. Es ist ein Prozess, der dir Spaß machen wird und du wirst den Fortschritt sehr schnell merken.

Ich wünsche dir auf alle Fälle viel Spaß, was aber noch viel wichtiger ist, viel Erfolg bei der Umsetzung!

KAPITEL 7

ANTWORTEN AUF OFT GESTELLTE FRAGEN

Bevor ich mit der genauen Planung zu diesem Buch begonnen habe, habe ich die Leserinnen und Leser meines Blogs (http://selbst-management.biz) dazu eingeladen, mir ihre Fragen und Herausforderungen zum Thema Fokus und Konzentration zuzusenden. Viele davon habe ich in die einzelnen Kapiteln gepackt, bei einigen habe ich mich aber dazu entschlossen, sie hier zu beantworten, weil sie teilweise recht spezifisch sind.

OHNE MEINE STÄNDIGE PRÄSENZ KÖNNEN MEINE MITARBEITER NICHT WEITERARBEITEN. WAS TUN?

Wenn du deinen Mitarbeitern bisher immer für Fragen und Anliegen zur Verfügung gestanden hast, hast du ihnen das vorausschauende Denken abgenommen. Ein Mitarbeiter sollte eigentlich, ebenso wie du, seine Aufgaben für die kommenden Tage genau kennen und Probleme oder Herausforderungen, die bei den einzelnen Projekten aufkommen könnten, vorausahnen. Ich empfehle Führungskräften immer, ihre Mitarbeiter genau darauf zu schulen.

Was kannst du nun aber im Detail tun? Einerseits könntest du am Morgen einen kurzen Zeitraum anbieten, in dem du für Fragen zur Verfügung stehst, und dann am Nachmittag einen längeren Zeitraum (Politik der offenen und geschlossenen Bürotür). Es wird ein wenig dauern, bis sich deine Mitarbeiter daran gewöhnt haben, aber es hat noch immer und überall geklappt. Also zieh es durch!

ICH HABE ZU VIELE MEETINGS UND ZU WENIG ZEIT FÜR MEINE AUFGABEN. WIE KANN ICH DAS ÄNDERN?

Meine Herangehensweise ist eine spezielle: Ich versuche alle Meetings, bei denen ich selbst den Termin bestimmen kann, auf Freitag zu legen. Freitag ist mein Meetingtag, an dem ich sonst nur administrative Dinge abarbeite. Natürlich gibt es auch bei mir Meetings, die ich nicht selbst bestimmen kann. Wann immer es geht, dränge ich aber darauf, diese nachmittags stattfinden zu lassen. So habe ich zumindest den Vormittag gewonnen.

Eine weitere tolle Herangehensweise habe ich bei Florian Gschwandtner, dem Gründer von Runtastic, abgeschaut. Der hat die Dauer, die ein Meeting haben darf, einfach von 60 auf 25 Minuten gekürzt. Was ist passiert? Gar nichts!

Mein Ratschlag daher: Meetings an Randzeiten legen und so stark es geht verkürzen!

LIEFERANTEN UND HAUSTIERE STÖREN MEINEN FOKUS. WIE KANN ICH DAS ÄNDERN?

Wie ich ja schon erzählt habe, auch mein Postler stört meinen Fokus, damit muss ich mich abfinden. Ist ja nicht jeden Tag, insofern halb so schlimm. Ich weiß nicht, ob es das schon überall gibt, aber hier in Wien kann man Boxen installieren lassen, in denen der Lieferant dann die Waren hinterlegen kann. Diese Lösungsmöglichkeit kostet zwar etwas Geld, kann aber viel Zeit und Nerven sparen. Du kannst dir alternativ deine Lieferungen auch zu Lieferstationen bringen lassen und die dann dort gesammelt abholen.

Haustiere habe ich keine, aber ich denke, auch die Runden, die man mit ihnen dreht, werden einen gewissen Rhythmus haben. Plane diese Spaziergänge in deinen Tagesplan mit ein. Stört dich dein Haustier allzu oft am Arbeitsplatz, dann sperre es davon aus oder versuche es dahingehend zu erziehen, dass es nicht stört. Tipps dazu kann ich dir leider keine geben, die einzigen Haustiere, die ich besitze, sind Hausstaubmilben, die stören mich kaum und werden regelmäßig entfernt ;).

DIE HITZE UND DIE LUFT IN MEINEM BÜRO SIND UNERTRÄGLICH. WAS TUN?

Hitze und abgestandene Luft sind natürlich der absolute Killer von Fokus und Konzentration. Vor allem eine regelmäßige Frischluftzufuhr ist enorm wichtig. Falls du die im Büro nicht hast, versuche das so gut es geht durch kürzere Spaziergänge an der frischen Luft auszugleichen.

15 Tipps gegen Hitze im Büro findest du in einem meiner Blogartikel (den Link habe ich dir in den Bonus-Tools hinterlegt).

ICH ARBEITE IN EINEM GROSSRAUMBÜRO UND ES IST UNERTRÄGLICH LAUT. WAS KANN ICH TUN, UM TROTZDEM FOKUSSIERT ARBEITEN ZU KÖNNEN?

An solchen Orten verwende ich Noise-Cancelling-Kopfhörer in Verbindung mit Focus@Will. Diese filtern den Umgebungslärm heraus und du hast die reine Musik im Ohr. Ich würde diese Kopfhörer jetzt nicht den ganzen Tag über benutzen, aber zu deiner Fokus-Zeit wäre das mit Sicherheit eine spannende Sache. Wichtig auch hier: Vorher mit Vorgesetzten und Kollegen absprechen! Den Link zu den Kopfhörern die ich empfehle findest du ebenfalls in den Bonus-Tools.

ICH HABE EINE ZU HOHE ERWARTUNGSHALTUNG AN MICH SELBST. ICH WILL ALLES PERFEKT HABEN UND VERZETTELE MICH DABEI IMMER WIEDER. WAS KANN ICH TUN?

Perfektionismus ist eine schlimme Sache, weil er dich viel mehr Zeit kostet, als er dir bringt. Ich bin alles andere, aber sicher kein Perfektionist, daher tue ich mich auch sehr schwer, hierfür Lösungen anzubieten. Meine Devise lautet „Erledigt ist besser als perfekt" und vielleicht ist das auch ein Glaubenssatz, den du dir einprägen solltest.

Das soll jetzt natürlich nicht heißen, dass ich Müll abliefern will, ich hoffe, dieses Buch beweist das. Aber ich gebe mich auch mit sehr gut anstatt perfekt zufrieden und bezweifle, dass es perfekt jemals geben wird. Aber hier vielleicht eine passable Lösungsmöglichkeit:

Setze dir für alle Projekte und Aufgaben Zeitlimits und Deadlines. Diese hältst du unter allen Umständen ein. Wenn du das schaffst, hast du schlicht und einfach keine Zeit für Perfektionismus. Versuche es, vielleicht wirkt es!

ICH HABE ZU VIELE DINGE IM KOPF, DIE MICH ABLENKEN. WAS SOLL ICH TUN?

„Raus aus dem Kopf und rein in Evernote" lautet meine Devise. Evernote ist ein Notizmanagement-Tool, in dem ich nicht nur alle meine Gedanken ablegen kann, sondern sie auch sehr schnell wiederfinde. In meinem Buch „Evernote – Mein Life-Management-Tool" erkläre ich dir meine Strategie, wie das funktioniert (Link findest du in den Bonus-Tools).

ICH BIN SELBSTSTÄNDIG UND KANN MIR MEINE ZEIT SEHR GUT SELBST EINTEILEN. WIE VIELE HOCH-KONZENTRATIONS-PHASEN SIND SINNVOLL UND ÜBER WELCHEN ZEITRAUM SOLLEN SICH DIESE ERSTRECKEN?

Ich belasse es bei einer einzigen und das ist jene in der Früh. Die ersten drei Stunden des Tages gehören nur mir. Ich habe mit einer Stunde begonnen und es dann immer weiter ausgebaut, bei drei Stunden scheine ich nun einen Plafond erreicht zu haben.

Ich kann dir hier keine pauschale Antwort geben, denn jeder Mensch ist anders. Ich kann dir nur raten, es durch Versuch und Irrtum zu testen.

WIE SINNVOLL IST DER EINSATZ DER POMODORO-TECHNIK?

Falls du diese Technik nicht kennst, hier eine kurze Erklärung. Du arbeitest nach dieser Technik exakt 25 Minuten, um danach exakt fünf Minuten Pause zu machen. Das wiederholst du vier Mal und machst dann eine halbe Stunde Pause. Danach startest du denselben Vorgang wieder.

Ich kenne viele Menschen, die tolle Erfolge mit dieser Methode erzielen, aber für mich ist sie nichts. Diese 25 Minuten sind mir zu kurz, ich fühle mich durch die Pause dann eher in meinem Rhythmus gestört. Auch hier gilt Versuch und Irrtum. Vielleicht ist es für dich genau die richtige Methode, vielleicht aber auch wie für mich der blanke Horror.

WENN ICH MAL IM ARBEITEN BIN LÄUFT ES SUPER, ABER ICH HABE PROBLEME DAMIT, INS TUN ZU KOMMEN. WIE KANN ICH DAS ÄNDERN?

Ja, das kenne ich gut, vor allem bei unliebsamen Aufgaben wie der Entfernung meiner Hausstaubmilben. Ich wende da den 5-Minuten-Trick an. Bedeutet, dass ich mir vornehme, die unliebsame Tätigkeit mal für fünf Minuten auszuführen. Freut es mich nach diesen fünf Minuten noch immer nicht, darf ich wieder aufhören. Einzige Regel: Ich darf mir keinen Timer stellen, der mich daran erinnert, nachfünf Minuten aufzuhören.

Obwohl ich weiß, wie dieser Trick funktioniert, habe ich fast noch nie mit der Tätigkeit wieder aufgehört. Der Grund ist einfach: Die größte Hürde ist das Beginnen. Bist du aber mal gestartet, geht es ohnehin meistens recht einfach dahin. Ich hoffe, dieser Trick wirkt bei dir genauso gut wie bei mir.

Du kannst ihn übrigens nicht nur für unliebsame, sondern auch für sehr schwere Aufgaben anwenden.

SCHLUSSBEMERKUNG

Vielen herzlichen Dank für das Lesen meines Buches. Ich hoffe, ich konnte dir viele neue Ideen und spannenden Mehrwert damit liefern.

Solltest du Fragen haben, dir weitere Informationen wünschen oder Kritik bzw. Verbesserungsvorschläge zum Buch haben, dann freue ich mich, wenn du mich kontaktierst. Ich bin dankbar für alle Fragen und Ideen, um dieses Buch besser zu machen. Bitte nutze dazu die Kontaktfunktion auf http://selbstmanagement.biz.

Wenn dir das Buch gefallen hat, freue ich mich natürlich auch, wenn du dir ein paar Minuten Zeit nimmst, um mir eine Bewertung und Rezension bei Amazon zu hinterlassen. Ein herzliches Dankeschön dafür im Voraus.

Solltest du an einem Workshop oder eine Keynote-Rede in deinem Unternehmen oder auf einer Veranstaltung interessiert sein, freue ich mich, wenn du über https://thomas-mangold.com Kontakt mit mir aufnimmst.

Auf den kommenden Seiten findest du noch ein paar Informationen zu meinen anderen Büchern und zu meiner Plattform Selbstmanagement.rocks, die ich dir nur sehr ans Herz legen kann, wenn du vorhast, dein Zeit- und Selbstmanagement ernsthaft zu verbessern.

Jetzt möchte ich aber nochmal Danke sagen und dir Mut zusprechen, jene Tipps, Tricks und Strategien aus diesem Buch, die für dich Mehrwert haben, umzusetzen. Es wird sich enorm lohnen.

Viel Erfolg bei der Umsetzung!

Liebe Grüße aus Wien
   Thomas

DIE WEITEREN BÜCHER VON THOMAS MANGOLD

- Evernote – Mein Life-Management-Tool (https://amzn.to/2RbHPGx)
- Evernote Business (https://amzn.to/2vElqvM)
- 101 Produktivitäts-Tipps (http://amzn.to/2IlhqTe)
- Die Selbstmanagement-Formel (http://amzn.to/2DmD1ad)

SELBSTMANAGEMENT.ROCKS

Wenn du ohnehin wenig Zeit hast und dein Selbstmanagement mit effektiven und praxiserprobten Methoden verbessern willst, dann lade ich dich recht herzlich zu Selbstmanagement.rocks (http://selbstmanagement.rocks) ein.

Dort erwartet dich zunächst einmal ein Fragebogen, anhand dessen du deinen persönlichen Lehrplan (also die optimale Kursreihenfolge) von mir zur Verfügung gestellt bekommst.

Unter anderem befinden sich mittlerweile folgende Kurse auf der Plattform:

- Fokussierter arbeiten
- Workflow-Management
- Nie mehr aufschieben
- Wochen- & Tagesplanung, die hält
- Projektmanagement mit Evernote & ToDoist
- Jahresplanung
- Mehr freie Zeit

- Minimalismus für Normalbürger
- Zero Inbox
- Evernote Basiskurs
- Evernote Business
- Evernote für Blogger
- Evernote auf Reisen
- Finanzverwaltung mit Evernote
- Effiziente Meetings
- Gewohnheiten Basiskurs
- Gewohnheit „Früher aufstehen"
- Gewohnheit „Mehr Sport"
- Limitierende Glaubenssätze loswerden
- Lebenslanges Lernen – die Strategie
- Gerümpel-Challenge
- Büro-Gerümpel-Challenge
- Nein sagen lernen – die Strategie
- Hörbuch 101 Produktivitätstipps
- Der richtige Umgang mit Stress
- Automatisierung – Produktivität auf Autopilot
- Projektplanung mit Mindmeister und Meistertask
- To-do-Listen meistern
- Arbeiten mit Checklisten
- Produktivität im Team

Weitere Kurse folgen in regelmäßigen Abständen! Alle weiteren Informationen zu Selbstmanagement.rocks findest du hier: http://selbstmanagement.rocks.

Ich freue mich, wenn wir uns auf der Plattform wiedersehen und dein Zeit- und Selbstmanagement rocken.

BONUS-TOOLS

Wie versprochen will ich dir jetzt natürlich noch verraten, wie du zu den ganzen Bonus-Tools kommst.

Gehe dazu bitte einfach auf https://www.selbstmanagement.biz/konzentration-bonus

Dort findest du alle weiteren Informationen, wie du zu den Bonus-Tools gelangst.

Viel Erfolg bei der Umsetzung!